孩子，你的压力我都懂

——给中小学生的减压书

杜艳艳
张盛林

编著

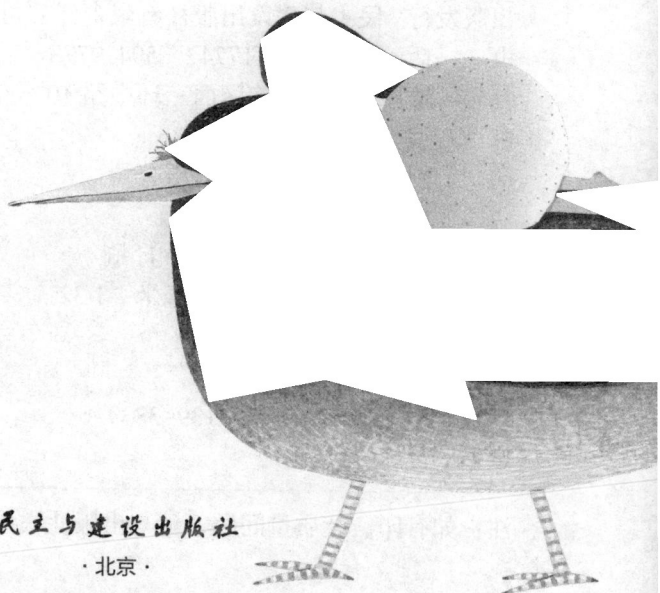

民主与建设出版社
·北京·

© 民主与建设出版社，2022

图书在版编目（CIP）数据

孩子，你的压力我都懂：给中小学生的减压书 / 杜艳艳, 张盛林编著 . –– 北京 : 民主与建设出版社 , 2022.7
ISBN 978-7-5139-3839-6

Ⅰ . ①孩… Ⅱ . ①杜… ②张… Ⅲ . ①心理压力 – 调节（心理学）– 少儿读物 Ⅳ . ① B842.6–49

中国版本图书馆 CIP 数据核字（2022）第 082291 号

孩子，你的压力我都懂：给中小学生的减压书
HAIZI NI DE YALI WO DOU DONG GEI ZHONGXIAOXUESHENG DE JIANYA SHU

编　　著	杜艳艳　张盛林
责任编辑	郭丽芳　周　艺
封面设计	主语设计
出版发行	民主与建设出版社有限责任公司
电　　话	（010）59417747　59419778
社　　址	北京市海淀区西三环中路 10 号望海楼 E 座 7 层
邮　　编	100142
印　　刷	天津文林印务有限公司
版　　次	2022 年 7 月第 1 版
印　　次	2022 年 8 月第 1 次印刷
开　　本	880 毫米 × 1230 毫米　1/32
印　　张	6.5
字　　数	220 千字
书　　号	ISBN 978-7-5139-3839-6
定　　价	59.00 元

注：如有印、装质量问题，请与出版社联系。

各位家长们，你们是不是觉得孩子小，每天除了学习，就是玩耍、游戏，完全是"少年不识愁滋味"？你们是不是认为孩子不用操心赚钱养家，不用应付人情世故，就不会感到心累？如果你们是这样想的，那就大错特错了。要知道，不管是小学阶段还是中学阶段，孩子都有自己的压力。下面，我们来看看孩子会面临哪些压力。

一是学习压力，即功课压力。

仅仅是在小学阶段，孩子就要面对语文、英语、数学等多门功课，既要背诵课文，又要背诵英语单词，还有做不完的数学题，有些孩子还会被安排上辅导班，或做父母给他们布置的额外作业。进入中学，他们所学的功课还会大幅增加，作业量也随之水涨船高。仅仅每天的作业就会耗费他们的大量时间，更别说玩耍放松的时间了，有时候连睡眠时间都可能被挤占，你说孩子能不累吗？

二是父母的高期望值带来的压力。

功课带来的压力可以通过少玩一会儿，多花时间学习等方式来解决，而父母的高期望值带来的压力是精神上、心理上的负担，不太容易解决。毫无疑问，这部分压力是孩子最难以承受的。考试成绩、班级排名、各类竞赛奖项等，总是被父母反复强调，甚至成为衡量孩子"好与不好"的硬性标准，还会被父母当作亲戚朋友、左邻右舍茶余饭后的谈资，并且此时的他们或流露出骄傲的神情，或伴随着唠叨和失望的情绪。这些都会被孩子敏锐地感受到，成为孩子压力的主要来源。

三是人际交往方面的压力。

不要以为孩子小，人际关系比较简单，其实在学校或社区里，同学之间、伙伴之间同样有着复杂的人际关系。比如，好朋友又结交了新朋友就不和自己玩了，或好朋友之间闹矛盾互相不搭理了……这都会给孩子造成心理压力。更可怕的是，孩子之间还会出现拉帮结派的现象，你的孩子可能会被他们孤立，或被其他孩子欺负，甚至成为校园霸凌的受害者。这些同样会给孩子带来不小的压力。

特别是处于青春期的孩子，还没有形成正确而稳定的三观，因此很容易陷入跟风、盲从的旋涡，"这个同学穿的衣服很酷""那个同学的鞋子是名牌""大家都有手机，我也想要一部手机"……这些会引发孩子之间的攀比之风，同时也会给孩子带来一定的心理压力。

压力是生活的一部分，也是孩子成长的一部分。正视压力才能缓解压力，正视压力才能使孩子变得更强大，使孩子成为更好的自己。作为父母，应该帮孩子将关注点从压力的负面影响上转移开，引导孩子朝着"将压力转化为动力"这个方向去努力，帮孩子减压，带孩子走出"压力圈"，让孩子轻装上阵，更好地去走人生路。

帮助孩子减压，父母可以通过言传身教的方式。孩子是家庭的镜子，是父母的影子，父母如何面对压力，如何调整自己，孩子往往有样学样。如果父母能够乐观对待压力，积极面对问题，而不是消极抱怨、逃避退缩，相信孩子能够从父母身上感受到榜样的力量。

想要帮孩子减压，父母有必要教孩子自我调整的方法。比如，父母累的时候可以跟家人说："我好累，我要睡一觉！"压力大的时候，可以深呼吸、泡杯茶、看看窗外的风景，或出去走走。同时，父母可以告诉孩子："如果你累，就休息一下；如果你疲倦，就放松一下；如果你委屈了，就找爸爸妈妈倾诉；如果你很难过，想哭就哭一场！当然，你还可以做让自己快乐的事情来缓解压力。"

作为父母，给孩子减压的方法指导固然重要，但父母的陪伴、倾听、鼓励、引导和肯定更重要。父母要让孩子明白，其成长的过程中并不孤独，任何时候父母都是其最坚强的后盾和最有力的支持者。给孩子充足的关爱和充分的安全感，是孩子成长最需要的营养。

目 录

第 1 章
孩子的压力有多大，远超你的想象

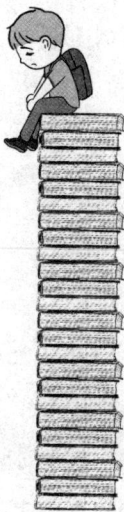

我们总以为只有大人有压力，孩子没有压力，其实孩子在学习和生活中也面临很大的压力，只是我们不知道而已，只是我们没有站在孩子的角度思考而已。为什么孩子会患心理疾病？为什么孩子自杀的案件越来越多？其实，孩子面临的压力远超我们的想象。

你知道孩子的压力有多大吗？

　　2021年3月，两会委员们提出了一些为中小学生减负的建议：
如，"为学生减负，整顿课外辅导乱象" "保证学生睡眠时间，不得
要求学生早到学校" "延长学生放学时间，丰富课程体系，提升学生
综合素养"，等等，这一系列建议迅速成为社会各界争相讨论的热点
话题。

　　一个与学生有关的话题，能在社会各界迅速引起如此多的关注与
反响，充分说明：为学生减负，为孩子减压，势在必行，刻不容缓。

　　这也让我们充分认识到：孩子学习确实苦，孩子压力确实大。那
么，孩子学习到底有多苦、压力到底有多大呢？下面的统计结果很可
能远超你的想象。

　　2015年11月，国内在线教育大数据企业阿凡题，发布了一份名为

《全国中小学生学习压力调查》的调查报告。该调查报告是阿凡题基于其平台所覆盖的全国31个省市自治区，多达2000万用户，用时一年所积累的学习行为大数据，经过分析统计以及对其平台近千位用户的深度调研、验证后整理发布的。报告发布之初，便引起了许多学生及家长们的关注，他们对报告的调查结果深表认同。时隔几年，随着国家在政策层面倡导为学生减负、减压热潮的兴起，这份调查报告再次被推到公众视野。令人遗憾的是，我们发现报告中曾经反映的问题，并未因时间的流逝而消减，它们依然存在着，有的甚至呈现出愈演愈烈的趋势，这让我们不得不警醒，从而重新审视它们，以寻求突破和改善。

1.我国学生作业繁重，远超世界同龄学生

据该报告统计，我国中小学生平均每天做作业的时长为3小时，是全球中小学生作业时长均数的2倍，是法国中小学生作业时长的3倍、日本中小学生作业时长的4倍、韩国中小学生作业时长的6倍。

每天3小时的做作业时间已足以让我们这些成年人汗颜，试问有哪个家长可以日复一日地每天下班后坚持自主学习3小时？更何况，这只是全国中小学生平均每天做作业的时间。在国内一些偏远地区，由于当地教育水平受限，孩子们想出人头地，不得不依靠自身的勤奋来缩短这份先天差距，每日作业时长远超3小时。据统计，贵州地区有超过29%的中小学生每天做作业到深夜11点，而广西、甘肃等地区的学生中，晚上11点之后才能入睡的占比也不下25%。

除了挑灯夜读，一些学生更是从小便学会了利用碎片时间、随时随地加紧学习，于是在公交站旁、地铁车厢内，我们经常能见到捧书而立的少年，他们或口中念念有词，背诵科目繁多的考点、重点，或奋笔疾书，做那一张又一张的试卷。这些在学海中砥砺前行的少年，身形虽单薄却不失坚毅，面庞虽稚嫩却笃定，见之令人肃然起敬，也令人心生怜惜。

此外，除了学校里的学业内容和预留的作业，中国的孩子普遍每周还有3~5个诸如美术班、舞蹈班、编程班之类的特长班。在上课之余，他们还需要准备和参加各类考级、竞赛活动。他们每天不是在学习中，就是在前往学习地点的路上，留给他们安静休息和尽情玩耍的时间寥寥无几。

2.中国学生普遍睡眠不足，熬夜学习，效果却不理想

时间是很公平的，任何人的一天都是24小时，分秒不差。当过多的时间被上课、写作业、上课外班等占据时，每天留给孩子们休息和睡觉的时间就会相应地减少，这是不可否认的事实，也是许多父母心中的痛。

据统计，中国中小学生的睡眠时间普遍不足7小时，早晨6点起床晚上12点睡觉，更是近9成高中生的真实写照，甚至有近50%的初中生和近20%的小学生，经常做作业到深夜11点。这些看似不可思议的统计数据，在一些家有适龄学生的家长看来，却又如此的真实，因为他们大多每天都是如此陪伴孩子度过的。

我们一向坚信勤能补拙，所以对于孩子熬夜学习、做作业的情况，绝大多数的家长虽然很心疼孩子，但最终都报以支持的态度。可令学生和家长们痛苦的是，这种以牺牲必要的睡眠所做的坚持，普遍达不到预期的效果，甚至一些孩子不仅成绩未能更上一层楼，身体反而因精力透支而变得羸弱，整天无精打采。

3.中国学生学习压力大，负面情绪严重，亲子关系紧张

大量的作业，超长的学习时间，在强占孩子们睡眠和娱乐时间的同时，也让孩子们的身心受到压榨。在网评中国压力最大的十类人中，本应天真烂漫、快乐成长的学生一族却赫然在列，一度被评为精神压力最大的群体。父母的殷切期望，师长的谆谆教诲，无休止的各类考试和分数排名，让一部分孩子时刻神经紧绷不敢放松，也让另一部分孩子自我放逐，用离经叛道来逃避各种压力。

有一位家庭心理辅导师曾这样说："我接触过很多孩子，在这些孩子中，不乏成绩优异的学霸，我曾问他们：'你们成绩那么好，是不是学习对你们来说很轻松啊？'问题一出，绝大多数情况下收到的都是一脸愁苦的表情，外带幽怨的语气：'怎么可能轻松？一时一刻都不敢松懈啊！'学霸们犹且如此，其他学生的心理压力就可想而知了。"据统计，面对日复一日做到很晚的作业和背不完的知识点，有近50%的学生产生过自我怀疑的心理，"感觉自己笨死了，自尊都被作业吃掉了！"更有不下23%的学生时常萌生"想撕掉作业和课本"的想法。

我们都知道长期经受高强度、压力大的工作，身体健康容易亮红灯，精神状态容易出问题。作为心理成熟、阅历丰富的成年人尚且如此，更何况身心不成熟，适应能力和调节能力都比较弱的青少年呢？一位老师说，她经常听到学生父母对她抱怨"快考试了，在孩子面前

我连话都不敢说，生怕一句话说错了就惹得他（她）大发脾气，做出什么过激的事"。面对特殊时期的孩子，许多父母都知道以示弱或避其锋芒的方式来陪伴孩子度过学业高压期，但因缺乏及时的沟通和疏导，一些诸如离家出走、跳楼轻生之类的悲剧依然时有发生，这令众多父母，尤其是家有面临中考、高考孩子的父母，整日提心吊胆、惶恐不安。

为什么孩子轻生的案件越来越多

望子成龙，望女成凤，是每个家长的美好夙愿，为此我们每天不厌其烦地照顾孩子的衣食住行、督促孩子的学习，甚至节衣缩食、背负巨债，也要为孩子抢购学区房。然而，不得不承认的是，并不是每个美好的愿望都能实现，有的甚至事与愿违，令人抱憾终生。

2020年4月7日，江苏南通一名15岁的初二男孩，从19楼跃下，后经抢救无效，不幸身亡；

2020年4月12日，陕西商洛一名初三女生，从教学楼三楼跳下，抢救无效，不幸身亡；

2020年5月6日，陕西西安一名9岁的女生，因苦于无法按时完成老师布置的家庭作业，从15楼跳下，当场身亡。

当我们看到以上报道时，或许只会感慨数声"现在的孩子越来越脆弱了，动不动就轻生"，内心想必不会产生多大震撼，毕竟身边鲜有此类悲剧发生。那么，接下来的这样一份曾经引起人民网关注和报道的《中国儿童自杀报告》，或许会让我们胆战心惊、刻骨铭心。

据《中国儿童自杀报告》统计："在中国，每年约有10万青少年死于自杀。平均每分钟有2人死于自杀，另有8人自杀未遂。多年来，中国儿童自杀率位居世界前列，而且自杀儿童年龄趋于低龄化。在自杀儿童中，小学阶段的占比高达53.9%，其中，12岁占比40.3%，11岁占比13.6%。初中阶段自杀的学生中，以14岁的学生占比最高，高达22.7%，其次是13岁的学生，占比13.6%。"

如果这组数据还不足以引起你的震撼的话，那我们再一起来看一组来自上海地区中小学生自杀意愿的调查。

调查显示："上海地区有24.39%的中小学生曾有一闪而过的结束自己生命的想法，认真考虑过该想法的也占到15.23%，更有5.85%的孩子曾计划自杀，还有1.71%的中小学生自杀未遂。"

中国有句谚语："知子莫若父。"可现在越来越多的父母却发现越来越看不懂自己的孩子了，明明物质条件这么好，有求必应，家人这么关心疼爱他们，他们怎么能因几句责骂、一点儿小事就毫不犹豫地放弃生命，毫不留恋地离自己而去呢？事实上，我们所看到的导致孩子最终轻生的事件只不过是"压死骆驼的最后一根稻草"，在这之前，或许他们早已承受了太多压力，心理早已面临崩溃，最后的事件只不过是他们心灵世界崩塌的一个突破口而已。

　　那么隐藏在孩子自杀背后的元凶到底是什么呢？据统计，在中国儿童自杀原因排行榜中，学习压力过重毫无疑问地高居"榜首"，占比40.3%；其次是早恋遭父母、老师反对，占比22.7%；再次则是父母离异，占比13.6%。

　　作为学生，虽然学习是他们的天职，但并不是所有孩子都可以承受住那么高强度的学习压力和学业背后父母沉重的期望。当有些孩子在快承受不住，想要寻求父母、老师的支持与宽慰时，他们往往收到的不是令他们鼓足勇气继续前行的力量，而是更为严苛和沉重的压力。久而久之，我们的孩子便关上了可以求救和发泄压力的心门，让一切不良情绪在内心堆积、发酵，然后爆发，最终以死解脱。所以，面对孩子的学业，明智的父母不妨放宽心，鼓励孩子量力而行，莫负韶华便可。

　　至于造成中国儿童自杀的另两大诱因——早恋和父母离异，从根本上来说，也是亲子间的沟通出了问题。当孩子无法与父母分享自己的喜怒哀乐时，他们其实是非常痛苦的，所以当他们找到情投意合的倾诉对象时，就会分外珍惜，加之青春期特有的冲动心理，使他们在面对父母、老师的阻挠时，往往会选择最极端、最激烈的方式来捍卫自己的感情，于是便有了离家出走、相约殉情、跳楼自杀等令人痛心的事件。而因父母离异自杀的孩子，多半是无法从父母的每日争吵或冷战中汲取到爱，感到自己被抛弃或被漠视了，想通过自我了断的方式令父母关注自己、牢记自己。

　　虽然走上自杀这种极端之路的孩子很少，但并不代表潜在的风险很低。一项网络调查显示，80%的学生宁可选择将自己的烦恼告诉同学或诉诸网络、写进日记中，也不愿将心事告诉父母。这些曾经连与同学之间一句有趣的话都要与分母分享的孩子，如今在父母面前却变成了闷葫芦；在本应最牢固而亲密的亲子关系里，父母与子女却成了最亲近的陌生人，是父母之痛，更是孩子之痛。

"为什么会变成这样呢？"想必这是萦绕在很多父母心里的疑团。那请各位父母回忆下，当你家孩子上幼儿园时跟你说起学校里的趣闻时，你有何反应？当你家孩子上小学后跟你说起学校里的趣闻时，你有何反应？当你家孩子上中学时跟你说起学校里的趣闻时，你又是何反应？

幼儿园时："真有意思，宝贝记忆力真好，能记住这么多事呢！"小学时："哦，是吗？你们老师今天教什么了？"初中时："整天关注这些鸡毛蒜皮的事，你学习能好才怪！"高中时："又跟同学打电话瞎聊什么呢？不知道快考试了吗？"诸如此类的话，想必各位父母都曾挂在嘴边过吧？那请换位思考，如果您是孩子，您会在父母越来越冷漠的态度中初心不改、热情依旧，还是敬而远之、淡漠以对？

如果能想明白这个道理，想必很多家庭的亲子关系会和谐很多，很多青春期迷茫的孩子也能更容易找到成长的方向。

你知道小学生的书包到底有多重吗？

对于小学生成为我国自杀儿童的高发人群，很多家长难以理解，那么小的孩子，每天都处在家长的精心呵护之下，怎么会那么轻易地就放弃生命了呢？

事实上，小学阶段之所以会成为儿童自杀高发期，与这一阶段孩子的身心发展特点密不可分。6岁至12岁，是孩子们身心快速发展的时期，他们需要从一个被百般呵护的幼儿，快速成长为可以独立照顾自己日常生活、独立学习和吸收大量课业知识，同时独立处理师生、同学、朋友等各种关系的"小大人"。众所周知，没有任何一个人的成长是一帆风顺的。孩子们在成长的过程中，也必然会经历失败的痛苦、受挫后的迷茫、被否定和被打击时的愤怒等，这些在成长路上不可避免的情绪，如果与繁重的课业相遇，必然会被数倍放大，甚至无限放大，成为孩子产生自杀想法或实施自杀行为的导火索。

我们都知道，随着孩子的年级越来越高，他们的学习压力也会越来越大，作业也会越来越繁重。那么孩子身上的压力到底有多大呢？从他们小身板上每天背负的书包重量上便可见一斑。

一位小学一年级学生的爸爸曾在社交平台上吐槽：我家孩子身高才115厘米，体重刚过35斤，每天却需要背着一个重8斤多的书包来回走一公里上下学。他的书包内除了水杯和铅笔盒，竟有18本书本！

看到这位爸爸的吐槽，很多父母出于好奇，也纷纷回家称了下自家孩子的书包重量。一日内，跟帖的70多个家长中，有21个给出了具体重量，细分之后，统计如下：

一年级5名：2.60千克、2.71千克、2.60千克、2.91千克、3.20千克

二年级4名：2.91千克、2.70千克、2.83千克、3.50千克

三年级3名：3.43千克、3.85千克、4.50千克

四年级2名：4.12千克、4.55千克

五年级4名：5.51千克、5.50千克、5.60千克、5.50千克

六年级3名：6.50千克、5.80千克、5.50千克

单看每个数字，也许并没有多么的令人咋舌，那如果配上小学阶段孩子们的普遍身高、体重呢？据统计，小学一年级（6岁）的学生，身高普遍120厘米左右，体重普遍20千克左右，而小学六年级（12岁）的学生，身高普遍150厘米左右，体重普遍40千克左右。经

过对比，我们发现几乎没有一个年级的孩子，他们的书包重量低于他们体重的10%。一个人长期背负其体重10%的重量时感觉如何？想必很多母亲都不陌生，因为在怀孕期间，当孩子足月时，孩子的体重与羊水、胎盘等重量相加，平均4.5千克，整体来说，尚不足孕妇体重的10%，却让很多妈妈每天腰酸背痛、苦不堪言。由此推断，孩子们每天背着个比自己体重的10%还要重的书包来回奔波于学校与家之间，会是怎样的感受呢？

过重的书包不仅令孩子们容易疲惫，更会严重地危害孩子们的健康。青少年健康领域的多位专家指出："长期背很重的书包，对孩子的生长发育肯定是有影响的。""一旦书包重量超过体重的10%，将不利于孩子的脊柱发育。""生长期的学生，每天背超重书包20分钟，就可能导致脊椎矮缩6至8毫米。"不仅如此，孩子们的双肩书包压在肩上，还会压迫他们的颈动脉，影响心脏对大脑的供血，同时损伤孩子的腰背肌。

那么，小学生的书包为何会这么重呢？答案是：孩子们每天需要学习的知识多，作为知识的载体，书本自然也会多。随便打开一名小学生的书包，我们都会发现，除了语文、数学、品德与社会、科学等课本外，普遍还会装着各种配套练习册、习题集、课外延伸资料等名目繁多的辅导书，数量之多，让人惊叹。加之现在印刷技术的发展，为了提高书本质量，纸张的厚度和油墨的用量也较之前多了许多，整个书包的重量自然而然地就上去了。

除了书本和书包自身的重量外，很多父母在孩子早上出门前，往往还会叮嘱孩子："好好学习，不许调皮捣蛋惹是生非！""全家人每天都围着你转，敢在学校不好好学习，回来看我不揍你！"这些冰冷的话语，无疑是一种无形又沉重的压力，令孩子瘦小肩膀上的大书包变得更加沉重，也给原本朝气蓬勃的小脸蒙上了一层暗沉。更可悲的是，很多家长对于自己的"恶性"并不自知，还一直笃定地认为是在为孩子好。

面对孩子沉重的书包，作为家长，我们该如何为孩子适当减重呢？

对于落在孩子们肩膀上的压力，其实解决起来并不难，我们可以通过少带不必要的书本或者给孩子买个拉杆包来解决。在孩子每天做完家庭作业后，我们可以陪着孩子一起整理书包，只带第二天用到的书本和资料，用不到的书本不要带。对于高年级的学生，他们每天在校课业较多，书本无法减少时，我们可以为孩子准备一个拉杆书包，将孩子肩上的重量转移到拉杆上。

对于孩子们心里的压力，解决起来则要复杂得多了。作为父母，我们无法代替孩子成长，更不敢任性地卸掉孩子肩上的所有负担与压力，让他们无拘无束无压力地自由成长。我们所能做的只有不要再额外加重孩子的负担，让他们在高强度的学业之外，能够体验更多的新奇事物，感受更多的美好情感，从而积蓄更多不断前进的力量。

事实上，当一个孩子内心充满力量时，他所迸发出的能量往往超越我们的想象，即便对大多数学生来说过于繁重的课业，在他看来却可能充满新奇和挑战，令他在学海中孜孜不倦、乐此不疲。

为什么孩子成了全家最忙的人

我们常说："人生不易，且行且珍惜。"在我们感叹自己因忙于生计和事业而身心俱疲时，可曾关注过身边那一个个瘦小而忙碌的身影？

"中国学生负担重、课业压力大"这是全社会公认的事实。那么，面对负担重、压力大的课业，中国大多数学生的每一天又是如何度过的呢？对此，人民日报联合人民网曾做过一个专题调查"孩子一天有多辛苦？"该调查在规定时间内，共收到了4161名家长的反馈，其中52%是小学生的家长，34%是初中生的家长，剩余14%是高中生的家长。

调查显示，除了平时每天6~7小时的在校学习时光外，孩子放学后，还要马上赶往校外补习机构参加语、数、英等科目的补习，补习课结束后，回家简单吃过晚饭，便需要抓紧时间写作业，作业时长普遍长达3个小时，写完作业大概晚上10点钟，接着便需洗漱睡觉。全天基本没有锻炼和娱乐的时间，也鲜少有时间与家人一起交流。即便周末不需要去学校上课，白天也还需要去上一些美术、舞蹈、编程之类的特长课，晚上依然要写家庭作业。于是，"想玩就玩"成了绝大多数孩子内心最大的渴望。然而，这份最简单的快乐，在各种课业和学习压力面前，注定成为孩子们可望而不可即的梦想。

作为新时代的家长，很多人都受过高等教育。回顾我们曾经的求学历程，大部分家长都会认可：除了初三和高中三年，我们其他的学习阶段都是比较轻松的，尤其是小学阶段，回忆起来，印象最深刻的貌似是跳皮筋、踢毽子、丢沙包之类的游戏。每天放学后，往往不是急着写作业，而是将书包往书桌上一放，然后约上三五好友一起先疯玩一圈。吃过晚饭后才开始写作业，写作业时长也很少有超过一个小时的时候。

学科还是那几门学科，知识量也没有比我们小时候增加多少，为什么现在的孩子每天会那么忙呢？

1.学校逐名利，追求升学率

在中国，不仅大学有"985""211"、重点大学、普通大学之分，小学和中学也有很鲜明的等级，省重点、市重点是每个学校都在努力竞争的目标。作为重点学校评选的重要标准之一，升学率是每个有志成为重点的学校绕不过的坎。为了提升升学率，学校会组织各种考试，诸如半月考、月考、季考、期中考、期末考等，还会组织英语竞赛、奥数竞赛、作文竞赛等各类竞赛，以考促学，以竞赛促学，并将学生的考试成绩纳入教师的日常工作考核、职务晋升考核、评先选优考核等。学生在校的时间是有限的，分摊给各科老师的时间也是固定的，为了提升所教科目的学生成绩，老师们纷纷瞄准了学生们的课余时间。于是，各种家庭作业如雪花般纷纷向学生们飘去，语文生字写10遍、课文背诵熟练并群内打卡、数学试卷做1套、复习今日所学重要知识点，外加明日检查背诵、自行搜集资料并制作某某模型，下次上课带来……每天如此种类繁多、形式多样的家庭作业，榨光了孩子们嬉戏玩耍的时间，冻僵了他们探索世界的热情，让原本应该多姿多彩的童年，变得单调而枯燥。

2.父母爱慕虚荣，强行压担子

望子成龙，望女成凤，是每个家长都会有的美好期望，但如果这份期望不是纯粹地希望孩子未来成功快乐，而是夹杂了太多出于私心的虚荣攀比和依赖寄托，那将是孩子的噩梦。

总体来说，父母可能给孩子的成长带来负担和痛苦，甚至毁掉孩子一生的不良心理大致可分为两类：攀比心理和寄托心理。

父母的攀比心理，顾名思义是指："父母由于受到其他儿童所获得的成功和成就的影响，从而引起对自己子女的期望和要求急剧提高，以期赶上或超过他人的心理状态。父母的攀比心理实质上是一种缺乏理智的虚荣心。"

在这种攀比心理的影响下，家长往往只看到自家孩子的缺点与不足，而选择性忽视他们的优点与长处，拿自家孩子的弱项与别人家孩子的强项做比较。比较的结果只会伤害孩子的自尊心和自信心，让他们因自觉不如他人而羞愧，或者为掩盖自己的心虚而叛逆逃避。同时，作为父母，过重的攀比心理很容易让自己产生焦虑情绪，甚至做出逼迫孩子花大量时间和精力补足短板的行为，令亲子关系紧张，或者因孩子确实在某些方面资质不如人而烦恼，白白增加自己的痛苦。要知道，盲目地攀比和逼迫，不仅很难激励自家孩子奋发图强，反而会增加孩子的负担，令原本已不堪重负的童年蒙上阴影，极端的情况下还可能诱发孩子一死了之的念头，导致家庭悲剧。

与攀比心理相比，父母的寄托心理对孩子的伤害有增无减，甚至会贻害孩子的一生。因为持有寄托心理的父母，往往将自己的全部或者绝大部分精力都投放到了子女身上，他们将培养子女成才作为自己人生的意义或支撑他们抵御现实中各种不幸福的力量，抑或将子女作为自己的替身，想通过子女实现自己曾经的梦想。无论这类父母出于哪一种目的，都是在剥夺孩子作为一个独立个人的权利。

为了不让这类父母失望，孩子们每天不得不一边承受着巨大的心理压力，一边点灯熬夜付出百分之二百的努力。反观持有这种寄托心理的父母，他们往往觉得孩子理应成绩优异、事业有成，否则就对不起自己的付出，而且一旦发现孩子不如自己期望的优秀，往往就会产生悲观心理，甚至歇斯底里地控诉孩子"不懂事、不孝顺"，将孩子归为自己一生不幸的罪魁祸首。如果孩子如他们所期望的成绩优异，他们往往将孩子的成绩归功于自己，而忽视孩子自身的努力。

无论父母出于以上哪种心理，他们的言行都会给孩子带来严重的精神负担，而且这种负担往往比繁重的课业更令他们精神压抑。

儿童心理障碍发病率近 20%，多与压力大有关

近年来，随着生活、工作等压力的剧增，罹患心理疾病的成年人越来越多，自杀、伤人等事件时有发生。但事实上，相较于成年人，儿童心理障碍发病率更高。世界卫生组织发布的数据显示，成年人的心理障碍疾病发病率约为10%，而儿童的心理障碍发病率却高达20%，接近成年人的2倍。世界卫生组织的这一调查数据同样适用于我国。2017年底，我国16岁以下的青少年儿童为2.47亿，照此推算，有心理障碍疾病的青少年儿童接近5000万，其中，抑郁症患者约有3000万，占比六成。

看到如此高的发病率和如此庞大的群体人数，很多父母可能不以为然，"哪有那么严重啊，一个学校那么多孩子，也没见几个自杀、抑郁的啊！"事实上，数据的可靠性、真实性是毋庸置疑的，真正令

父母们产生这种误解的是青少年儿童心理障碍的就医率太低，不足整体数量的10%，而坚持治疗的比率更低，不足确诊人数的7%。

那为何父母不带孩子主动就医呢？究其原因是大多数父母普遍将孩子的情绪消沉、易怒、言辞过激等行为盲目归结为叛逆期、青春期孩子的正常现象，认为过了这段时期就会变好。父母在心理健康方面知识的缺乏和盲目的认知，让很多原本处于心理障碍早期的孩子贻误了治疗时机，从而使这类心理障碍，最终发展成重度精神类疾病甚至神经类疾病，结果贻害孩子一生。

许多父母对孩子心理障碍与正常心理表现的误判，确实给孩子的及时就医和治疗造成了不利影响，但深究起我国青少年儿童心理障碍高发的原因，却更为复杂，大致可分为学业压力、家庭压力、青少年身心发展的特殊时期等几个方面。

知名媒体人张进在抑郁症病愈后，开始研究抑郁症，并且颇有成效，他曾说："青少年的精神疾病往往比成年人的更加复杂，一方面，青少年的身心尚未发育成熟，自我意识、价值体系等也没有最终形成，故而他们的精神世界带有大量不确定性。加之与青春期叠加，就更易造成他们人格的多面性与不稳定性。另一方面，从大环境来讲，孩子学习压力大、生活很累，这是短期内无法解决或摆脱的一个重要现实，也正因如此，让青少年精神疾病的治疗变得非常困难。很多接受治疗的孩子，好不容易治疗有了成效，结果一场考试往往又把他们打回原形。"

对于高强度的学业负担和孩子们的身心发展规律，我们是无法改变的，但作为父母，我们却可以改变自己的教育方式，尽量给孩子减压。

我们这些新时代的父母，大多是经历过高考洗礼的，也大多是通过高考和后来的不懈努力改变了自己的命运。正因为如此，大多数父母普遍存在着成功焦虑和对社会"底层"本能的恐惧。为了避免自家孩子将来落入社会"底层"或者经历自己现在所经历的痛苦，大多数父母会选择从小加强对孩子的培养，于是"鸡娃"便成了工作和生活之余最主要的任务。

所谓"爱之深，责之切"，对孩子期望过高的父母，面对未按自己期望发展的孩子，普遍很难理性、科学地沟通。下面我们来看一位妈妈的讲述。

春节前夕，我接到朋友女儿的一个电话，这个孩子正读小学四年级，她在电话中声音沮丧地向我求助："阿姨，您能收留我几天吗？要不然我只能离家出走了。"听到这句话，我心头一震，我知道这不是孩子在与我开玩笑或撒娇，而是真的遇到了令她不愿面对却又无法解决的问题。为了避免发生意外，我当天就将她接到了家中。进我家第一句话她说的是："啊，好安静，我终于可以清净会儿了！"然后，不用我问，她便将最近一周自己的遭遇给我细说了一遍。

原来，因为期末考试成绩不理想，她从班级前5名下滑到了第17名。拿到成绩单后她情绪濒临崩溃，强忍了一下午的眼泪，本来想回家默默地自己哭一会儿，结果一进家门便迎来了妈妈狂风暴雨般的一顿责骂，而且连续几天，只要看她不是在学习，便会臭骂她一顿。

"阿姨，您知道吗，我都快被我妈骂傻了，题错得多了要骂，作业写慢了要骂，放学后跟同学出去玩也要骂，反正只要她不顺心，我做什么都要挨骂。"她还自嘲地说自己在挨骂的路上不孤单，他们好多同学都经常挨父母骂，她还给我展示了一下他们命名为"难友群"的微信群聊天记录，其中有个孩子说："我爸出差刚回来，见到我的成绩单，气得拎起我的后衣领便把我扔出了门，让我滚，永远不要回来，顺带将我的羽绒服也扔了出来。"下面有孩子接道："你这还算好的，我妈把我推出门，连鞋都没给我顺道扔出来，我光脚站在楼道里还被邻居看见了，好尴尬，都怀疑我是不是我妈捡来的。""我还好，我爸妈没把我赶出门，但说下次再考成这样，就把我的成绩单贴到小区门口，让大家都知道我考得有多差！"

孩子们的吐槽虽然有趣，却也透着深深的无奈。父母这些打着"都是为你好"名义的言行和时刻盯梢的"关注"，事实上无异于一张张密不透风的网，让摸索中成长的孩子，尤其是那些学业不佳的孩子难以自由呼吸，心理压力巨大，常常处在焦虑、自责甚至抑郁等负面情绪中。当孩子的长期不良情绪积聚到一定程度，在遇到特定事件或言行刺激时，便极易做出过激行为，给自己和亲人造成追悔莫及的后果。

这 7 个表现，告诉你孩子的压力过大了

在了解了当代中小学生们的压力现状及由此产生的一系列社会问题后，想必很多父母都开始正视自家孩子每天面临的压力，甚至开始隐隐担忧这些压力可能给孩子成长造成的不良后果了。事实上，父母应该正视孩子面临的压力问题，却无须过分忧虑。因为受成长环境和个人身心发展特点的影响，每个孩子的压力承受能力都是不同的，身处同等压力环境下，有的孩子可能很快崩溃，出现一些逃避、反抗、情绪低落等行为，有的孩子却能泰然处之，甚至自娱自乐，化压力为动力。

压力这种无形的存在，很难通过医学检测等手段评定出它对一个人来说是不大还是过大。它更多的是一种心理感受，唯有承受的人有发言权。一位医疗从业人士曾指出，判断一个人压力是不是过大、是

不是到了无法承受的程度，方法其实很简单："如果你感觉不到做某件事的快乐，只感觉到它带来的痛苦，那么这种压力就是你所不能承受的。"

作为成年人，我们可以很清晰地感受和描述我们所承受的压力带给我们的影响，但我们的孩子，尤其是小学阶段的孩子，却很难清晰地描述自己的感受。想要判断孩子所承受的压力是否过大，更多地需要父母细心观察他们日常的行为表现，如果发现孩子承受的压力过大，就要及时帮助孩子将那些超额的压力排解掉。

研究发现，孩子压力大大致有7种典型表现。在这7种表现中，如果你家孩子占了两种以上，那么作为父母，就应该高度重视了。

1.孩子总是抱怨累，整天没精打采

持续过大的压力会让我们的身体产生本能的应激反应，使我们的心率与呼吸加快，这种持续的紧张，会让我们很快陷入疲惫状态。更糟糕的是，这种高强度的压力会激活我们大脑的边缘系统，让我们即便筋疲力尽却也无法入睡，而不得不饱受失眠的痛苦。

如果原本精力旺盛的孩子，近期做什么都提不起精神，还总抱怨浑身累、没力气，甚至半夜起来告诉你他睡不着觉，那么你就该警惕孩子最近是不是遭遇了什么困难，承受了他无法化解的压力，比如课业突然增加或变难令他难以消化，或者同学关系、伙伴关系出现了严重的问题等。

2.孩子总说自己头痛，去医院检查又未检查出器质性病变

紧张性头痛是非常常见的，多是由压力引起的躯体性反应，这种

头痛不同于感冒等引起的整个头部昏沉疼痛，它集中于头部两侧，属于肌收缩性头痛。很多紧张性头痛常伴有脖子及肩膀的酸痛。通过按摩和轻微捶打，可以缓解这种痛，但很快它又会再次袭来。

如果你的孩子最近经常向你抱怨头痛，或者单纯上某门课或者做某件事时头痛，那么你就该重视起来了。在排除病理性的疾病引起的头痛可能外，父母不妨选个轻松舒适的环境，与孩子倾心沟通一下他最近的学习和生活，帮他寻找引起头痛的压力来源，并引导他正视这种压力，积极寻找破解之法。

3.孩子最近总爱发脾气，亲子关系紧张

耶鲁大学的一项研究证明，长期经受慢性压力会降低人的脑容量。换句话说，长期处于过大的压力中，会让我们的大脑缩小，进而影响我们对外界的认知和对内在情绪的控制能力。这是因为当我们感受到超过我们承受能力的压力时，我们身体的神经系统会做出过度反应，让我们对外界刺激感受更加灵敏，从而使我们的情绪更容易被刺激到，以至于做出烦躁、焦虑、愤怒或其他失控的行为。

如果你家原本温和的孩子，最近一段时间经常因一些不起眼的小事而发脾气，出口伤人或摔打、撕毁学习用品，与老师、同学关系变差等，那么父母就应该警惕外界给孩子的压力是否过大了，让孩子的身心在这种长期压力下发生了不良的变化，影响了他们的健康成长。遇到此类情况，堵不如疏，与孩子对抗，对孩子的不良行为进行压制，往往会造成更严重的后果。设身处地地从孩子的角度出发，与他们一起审视他们的成长环境，帮他们找到疏解压力的方法，更有利于帮助他们走出困境，改善亲子关系。

4.孩子最近总是莫名其妙地流泪，又说不出具体原因

流泪是我们遭受躯体疼痛或心灵痛苦时的本能反应，也是很多人不自觉地选择的压力宣泄方式之一。通过哭泣，我们能将多余的压力激素释放出去，重新找回内心的平衡。

现在孩子的世界远比我们当年的世界要复杂得多，孩子们的精神世界也相应地会比我们想象中的更复杂。成长中的孩子，面对大量积聚在一起的学业压力、社交压力、家庭压力等各种未明确意识到的压力，他们的精神世界往往是复杂而易感的。一件不起眼的小事，都可能触发他们积蓄已久又错综复杂的负面情绪网，让他们委屈无助的情绪爆发，不由自主地想哭泣。所以，面对自家最近爱流泪的孩子，尤其是女孩子，父母与其去刨根问底找出他们哭泣的原因，不妨抱抱他们，告诉他们想哭就大声地哭出来，让他们哭完之后，再找回快乐的自己。

5.孩子的饮食习惯突然改变，不爱吃饭或饭量猛增

研究表明：处于临时压力下的人，大多会因应激反应而失去食欲，饭量减小甚至出现厌食现象。而长期处于压力下的人，则会因体内皮质醇增加，而增进食欲，出现偏爱甜食或者高淀粉类食物的饮食特点。

如果你家孩子因为考试临近，或其他在他们看来比较重要的事情来临前，出现食欲下降、睡眠质量下降等问题时，你可以适当开导，引导他们放松心情，这种因压力引起的食欲减退症状便会减轻，随着这些事情的结束，饮食又会恢复正常。但如果孩子一段时期内食欲暴增，远超出他们身体发育的正常需要，父母就该注意了，这是孩子长期承受过大压力又找不到健康发泄口的结果。遇到这种情况，父母可以尝试着引导孩子通过体育运动、发展个人爱好等来释放多余的压力，逐步减少孩子对暴饮暴食行为的依赖。

6.孩子最近总爱将自己关在屋子里，沉默寡言，不愿与人接触

当我们承受过大的压力时，我们就会变得非常敏感。许多性格外向或强势的人，往往会表现出打人、恶语伤人等过激行为，而许多性格内向的人，则非常怕被伤害，往往会本能地选择回避外界事物。而且，当一个人越来越想独处，并对打破他独处状态的人和事物表现出极度反感时，可能代表他所承受的压力已远超他能适应的范围。

如果你的孩子最近总爱将自己关在房间里，除了必要的交流外，基本不与他人说话，对你进入他们的“私人领地”表现出明显的反感或抵触，甚至总是将自己的房间门反锁上，那么你就应该考虑是不是因为孩子最近的压力太大了，让他无法适应和解决，从而产生了逃避心理。作为父母，遇到这种情况，在未征得孩子同意之前，尽量不要贸然进入他们的“领地”，而是应当尽量将他们引到视野开阔或氛围轻松的环境中，将他们从自我封闭的环境和心境中带出来，再与他们一起寻求可以帮助他们解决困境、释放压力的方法。

7.孩子最近总是容易生病，而且生病很难康复

医学研究表明，当我们压力大的时候，我们之所以容易生病，是因为我们的身体能量不足以来应对和处理压力。人体的能量是有限的，当过多的能量被用来处理压力时，原本该用来维持身体免疫系统工作的能量就会被占用，导致免疫系统功能被抑制。所以，当我们发现自己在一段时间内频繁生病时，就该考虑是不是因为最近自己的压力太大了。

对孩子而言，这个道理同样适用。

有的家长抱怨自家孩子每逢考试便生病、发烧，吃药也不管用，考试完又会自动好了。实际上这是典型的由突发压力导致的考前综合征，经历过考试打击或心理比较脆弱的孩子，往往容易出现这种状况。如果孩子有一段时间总是生病，比如接连感冒，而且不容易康复，在排除病毒性流行感冒外，极有可能是因为长期经受高强度压力导致的免疫系统问题。父母在给孩子加强营养的同时，适时帮助孩子调整心态，排解不必要的压力，更有利于孩子恢复健康和免疫功能。

第 2 章
重压之下，孩子会怎样

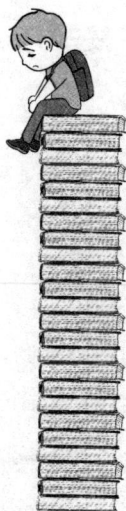

任何人面临过大的压力都有可能产生心理问题，甚至精神疾病，孩子更不例外。由于孩子的心智还不成熟，他们在面临巨大的心理压力时更容易出现各种问题，比如自闭、自卑、缺乏安全感，甚至导致免疫系统失衡，影响身体发育等。

活在父母焦虑下的孩子最辛苦

在上面的章节，我们通过一系列调查数据和新闻事件，向各位父母呈现了现在孩子所背负的巨大压力，以及由此可能给孩子健康成长造成的一系列问题，想必各位父母都会有所触动。那么，如果可以，您愿意帮孩子卸下额外的担子，让他们快乐、轻松地成长吗？

这个问题，一位记者曾采访过她身边的朋友和同事，她说：作为知识分子的他们，没有一位是痛快地回答说"愿意"并付诸行动的，更多的说法是"我们也希望孩子轻松些，但是我们承担不起由此可能造成的后果啊，万一孩子的成绩一落千丈怎么办？万一孩子将来一事无成怎么办？"简单的一句话，饱含了为人父母者浓浓的担忧与焦虑，也透出深深的心痛与无奈。教育焦虑问题也成了困扰80后、90后父母的时代魔咒。

80后、90后多为独生子女，他们的子女也大多是独生子女，在亲身经历了飞速发展的时代和残酷、激烈的社会竞争之后，身为独生子女的父母，便不自觉地将更多精力投注到了自己唯一的孩子身上，怕孩子输在起跑线上，怕孩子比自己差，怕孩子将来一事无成……

教育焦虑俨然已上升为社会问题，那么，隐藏在这种焦虑背后的心理是什么呢？这种心理经过细分之后，可以分为两类：

1.真心为孩子的未来担忧

古语云："父母之爱子，则为之计深远。"而中国父母无疑是这世上最尽职尽责的父母。对经历过高考洗礼，也成功通过学历改变命运的绝大多数父母来说，孩子能够学好文化课、考出好成绩，比什么都重要，就连为孩子报特长班，很多父母也会选择那些容易考级，将来考学可以加分的项目。

作为父母，他们在全心全意、尽他们所能地为孩子安排好他们觉得孩子应该走的每一步，将孩子送达他们认为最好的地方。为此，他们不惜牺牲自己的绝大部分休息、娱乐时间，全程陪孩子写作业、陪孩子上各种辅导班、特长班，还为了孩子能得到好的教育环境而举巨债购买学区房，或者卖房卖车送孩子出国留学等。这类父母，他们可以为孩子付出和牺牲很多，但他们却很少问孩子：你想成为什么样的自己？现在的你快乐吗？也很少去思考那些现在看似最好的选择将来是否适用。

一位心理咨询师曾接到过一封心理咨询的邮件，邮件的作者是一位30岁的男士，邮件内容大致是：

咨询师，您好！我是一名30岁的"老年人"。我30岁以前的人生一直是父母一手安排的，上着父母给我报的各种辅导班，考上了父母指定的大学，然后又按父母的要求考了他们指定专业的硕士研究生。毕业后又在父母的要求下从北京回到家乡，进入一家国企做职员，尽管专业不对口，企业效益也不景气，但企业以往的名气还在，让他们很满意，也很放心。

我已经工作了三年多，但一直很迷茫，每天机械地重复着早已烂熟于心的工作，没有什么建树，也没有什么过错。工作遇到问题时，领导问过我几次意见，但我每次都是说"领导您怎么安排我怎么做"。不是我没有自己的想法，只是习惯了按别人的要求做事。以前我也很有主见，但几乎每次都会遭到父母否定，久而久之我便养成了凡事都听从他们安排的思维惯性。

我现在既面临着升职无望的压力，也面临着被催婚的压力。前几天我父母逼我将刚认识一个多月，连男女朋友关系都还没确定的女孩带回家给他们看。按他们的说法，他们看中了，就让我们尽快结婚，以了心愿。

面对生活，我现在越来越感到无力。我已经习惯了父母安排我的生活和人生，但现在很明显，他们的能力已不足以帮我安排我现在和未来的人生了，但我自己却不知该怎么做。我很羡慕身边那些想做什么就立刻去做的人，但我却没有足够的勇气去尝试。我看不到自己的未来，也不知道如何走向未来。

老师，我想问的是，像我这样的人，如何才能摆脱现状，活出我自己想要的样子？

案例中，像这类真心爱孩子却努力错方向的父母，自己生活得很辛苦，也给孩子带来了巨大的压力。在孩子看来，父母为他们耗费了那么多的精力和金钱，他们如果不能满足父母的期望，便是有愧于父母。每天带着恐惧和愧疚前行，这样的孩子怎能不辛苦？最终的结果令人满意还好，如果不理想，可能会导致亲子间的关系紧张，甚至破裂。现实生活中，不乏将自己一生的碌碌无为归咎于父母当初错误决定的子女，也不乏年逾半百痛悔当初替孩子做错误决定太多的父母。

2.将孩子的成就视为自己的面子

国内某知名娱乐节目主持人，曾在他主持的节目中公开表示拒绝加入任何家长群，理由是不想去与别人攀比，也不想成为别人攀比的对象。确实，随着微信等社交工具的普及，父母被迫加入了各种群，这种本意是为了方便告知家长孩子情况的沟通群，很可能会被几个爱攀比的父母搞成孩子的秀场——今天自家孩子又拿了什么奖项，自己奖励了孩子什么礼物；明天在群里介绍某某名牌特长班不错，诱导其他家长组团报名。

个别家长的炫娃行为，很容易引起父母间的攀比风。为了让自家孩子也变得出色，让自己在家长群里有存在感，很多不理性的父母往往会向自家孩子施压，"给你报了那么多特长班，也没见你给我拿个奖回来，真是白白浪费钱！""你看你们班琪琪又拿奖了，要不我也给你报个班，你也去学吧？"父母诸如此类的言语，在他们看来不过是随口一句话，没什么杀伤力，但在孩子的心里，却可能沉如巨石，是父母对自己以往所有努力的否定与失望。孩子的这种想法足以令他们羞愧难当，背负更多压力继续前行，或者从此一蹶不振，放逐自我，不再努力。

著名作家刘墉先生曾说："长期处于被父母比来比去阴影里的孩子，感受不到父母对自己的尊重，体会不到父母的肯定和欣赏。"

将孩子当作自己攀比和炫耀工具的父母，从某种角度说明他们有一定的自卑心理，他们认为自己不够好，也没法更好，只能靠孩子来为自己争光，赢得面子。他们的这种行为却往往会伤到孩子的心，让孩子渐渐成为虚荣的人，或者为了满足父母的虚荣心而放弃自己的喜好，长成父母喜欢的样子，却没法活成自己想要的样子。

压力大会影响孩子的生长发育

作为家长，我们都希望孩子生长发育良好，特别是男孩子，身材高大是一种很重要的形象优势。但有些孩子在本该快速长高的年龄，却不怎么长个头，身材也比较瘦弱。这让家长非常不解：孩子的饮食状况不错，为啥就是不长个呢？当然，这里除了遗传因素和发育早晚的差别之外，还有一个比较重要的因素就是压力过大会影响孩子发育。

9岁的小欣家境优越，还是独生女，因此父母对她宠爱有加。在生活起居上，父母总是尽量给她最好的；在饮食搭配上，也是非常讲究，以保证她的营养均衡。小欣在幼儿园阶段身高和同龄孩子差不多，但到了小学阶段特别是四年级以后，她的个头就不怎么长了。她比同班同学矮一截，每次班级排座位，她总是被排在前面。

身高175cm的父亲和身高160cm的母亲百思不得其解，因为从遗传学角度来看，小欣的身高不至于这么矮。于是，父母带小欣去医院检查。通过各方面检查发现，小欣身体的各项指标都正常，而营养摄入和睡眠时间也都有保证。最后，医生通过进一步了解发现，影响小欣长个子的原因可能是学习压力太大。

原来，小欣从小就承担了不小的学习压力，从幼儿园开始就参加各种兴趣班，到了小学阶段父母又给她报了多个补习班，周末的时间被安排得满满当当。据小欣母亲说，小欣写作业比较慢，父母每天都很关注她的学习，这让她感受到了一种无形的压力。

医生说，长期处于紧张状态并承受巨大的压力会影响孩子长高，这种情况一般不需要药物治疗，只需让孩子放松心情，不给孩子太大的压力，情况就会有所好转。

医学研究发现，童年时期特别是11~14岁是孩子"节节高"的年龄段，如果发现孩子在这个阶段身高增长缓慢，家长就要注意了。中山大学附属第二医院的一位专家提醒说，压力过大会影响孩子长高，这叫压力性生长迟缓。这位专家还强调："家长应该帮助孩子调节生活方式，减轻心理压力，尽量延长他们的生长周期。"

1.减轻孩子的心理压力

研究表明，长期压力大、心情抑郁等会影响孩子长高，而愉快的心情有助于孩子生长发育。因此，家长要设法减轻孩子的心理压力，让孩子保持愉快的心情。现在很多家长喜欢给孩子报补习班、兴趣班，让孩子学这学那，虽然出发点是为孩子好，但千万要把握好度，以免造成孩子休息时间太少、心理压力过大。另外，家长还应多陪孩子做一些轻松愉快的游戏，鼓励孩子尽情地享受自己喜欢的运动。

2.让孩子每天睡好觉

生长激素是孩子长个儿的必备要素，但生长激素是脉冲性地分泌的，夜间分泌多，白天分泌少。因此，家长应当让孩子每天睡好觉，睡眠质量好，生长激素才能分泌得多，孩子的个子自然也能多长点儿。

3.陪孩子做室外运动

研究表明，晒太阳能够帮助人体获得维生素D，而维生素D能够促进人体对钙的吸收，从而有利于儿童长个儿。因此，建议家长多陪孩子进行室外运动，让孩子多晒晒太阳，这不仅能让孩子感受到亲情的呵护，放松心情，还能刺激其生长激素的分泌。

4.保证均衡的营养摄入

现在人们的生活水平提高了，但很多家长给孩子吃的饭菜营养过剩，导致孩子体重超标，还有可能使孩子的性发育时间提前，缩短孩子的生长周期，影响孩子最终的身高。因此，家长应当保证孩子营养均衡，让孩子吃得健康，从而长得更高。

压力会让孩子的注意力不集中、记忆力减退

　　注意力集中是大脑进行感知、记忆、思维等认知活动的基本条件。法国生物学家乔治·居维叶说："天才，首先是注意力。"在正常情况下，注意力使人的心理活动朝向某一事物，有选择地接受某些信息，从而抑制其他活动和其他信息。因此，良好的注意力可以提高学习和工作效率。

　　然而，有些孩子存在注意力障碍，主要表现为注意力涣散，无法将心理活动指向某一具体事物，也无法抑制无关事物的干扰。造成这种情况的原因较为复杂，可能是较为严重的心理障碍导致了注意力障碍，但对于学龄阶段的孩子来说，多数原因是学习负担过重、心理压力过大造成的心理紧张、心情压抑、焦虑不安、情绪低落等心理问题，以及造成孩子睡眠不足、食欲不振等生理上的问题，而这些将会

直接导致孩子注意力不集中、记忆力减退等。

莉莉出生在一个高级知识分子家庭，父母经常向莉莉灌输学习的重要性，对她要求很高。比如，父母要求莉莉写作业时必须保持专注，不能有一点儿开小差，朗读课文必须一字不差且要停顿到位。如果莉莉没做好，父母就会指出她的问题，要求她立即改正。

然而，莉莉越是想专注地写作业，越是想一字不差、停顿到位地朗读课文，就越容易出错，特别是当父母看着她写作业、朗读课文时，她的思想包袱就很重，唯恐出错被批评。久而久之，莉莉的学习压力也越来越大，她也常常无法集中注意力学习。

在这个案例中，莉莉之所以注意力不集中，是因为压力过大，而这种压力来自父母的过高要求。长此以往，莉莉就陷入了恶性循环，即越想表现好，心理压力越大；心理压力越大，越不容易集中精力。

压力过大除了会影响孩子的注意力发展，还会导致孩子记忆力减退，这个结论是由美国俄亥俄州立大学研究人员通过在老鼠身上做实验得出来的。实验人员用较大的老鼠扮演入侵者，给目标老鼠制造压力，结果目标老鼠因承受的压力较大而找不到迷宫逃生的出口。不过不用担心，当压力缓解后，老鼠的记忆力也会有所恢复。研究也证实，当目标老鼠摆脱压力后，它的记忆力的确恢复了，而且它能够快速找到迷宫逃生的出口。

　　这个实验也提醒广大家长，不要人为给孩子制造压力，以免影响孩子的注意力和记忆力。如果发现孩子压力大，家长应设法帮孩子缓解压力，从而让孩子保持愉悦的心情。这样孩子才能够专心地学习，拥有健康的身心。

压力大容易让孩子患焦虑症和抑郁症

　　每年都有不少学生因学习压力过大而产生焦虑、抑郁情绪，严重的还会患上焦虑症、抑郁症，最终不得不去看医生或靠服药调理。对于这种情况，专家称往往是由于家长对孩子期望值太高，亲戚朋友对孩子的成绩关注过多，才导致孩子产生了巨大的心理压力。

（一）

　　"今年刚上初一，小升初考试成绩全校第一。"说起女儿乐乐，陈女士一脸自豪，尤其是女儿的学习成绩更让陈女士津津乐道。但让她担心的是，今年春节期间走亲访友时，只要亲戚朋友提到成绩，乐乐就大发脾气，不让别人问。有时候乐乐一坐下来就是一晚上，很少起身喝水或上厕所，只顾闷头做题，遇到解答不出来的难题时她还会气得摔笔、抓头发。乐乐说，如果考试不能拿第一名，那努力还有什么意义？后来陈女士带乐乐去医院就诊，没想到医生的诊断结论是：乐乐给自己的压力太大，患上了抑郁症，需要服药调理。

（二）

"医生，我们催促孩子做作业难道有错吗？为什么孩子这么反感呢？"汪女士向医生大吐苦水，她说最近儿子的脾气越来越大，只要跟他提到做作业，他就威胁大人："再让我做作业信不信我死给你看？"有两次儿子没交作业，老师要求他补交，他竟然爬上窗户说要跳楼。王女士对医生说："儿子才11岁，可是我们已经不知道该怎么教育他了。"

近年来，带孩子前往医院做心理咨询的家长逐渐增多，不少孩子是因为学习压力过大而对学习产生了焦虑情绪，因此患上了严重的抑郁症。有些孩子一到考试就出现失眠、做噩梦等情况，这往往与家长期望高、要求严有关。因此，要想缓解孩子的心理压力，家长首先要调整对孩子的期望值，多给孩子鼓励，少给孩子施压，多留心孩子行为和言语上的变化，了解孩子的内心世界，从而让孩子感受到父母的关爱。此外，家长还可以从以下几方面着手，帮孩子缓解心理压力，减轻焦虑和抑郁情绪。

1.保持充足的睡眠

对于内心焦虑和精神抑郁的人来说，保持充足的睡眠，养足精力，有助于其缓解精神疲劳、平衡情绪。若睡眠不足，就很容易疲倦甚至加剧焦虑。因此，对于有抑郁倾向的孩子来说，每天至少应保证9个小时的睡眠时间，而且在孩子睡觉之前，家长尽量要制造轻松的氛围，不要让孩子带着压力去睡觉。

2.带孩子去运动

生命在于运动。运动不仅可以强化身体素质，还有助于缓解精神疲惫。尤其是户外运动，想象一下，和孩子在公园的树荫下慢跑、嬉戏打闹，是多么轻松愉悦的事情；和孩子在湖边戏水、打水仗，或在山涧漂流，是多么刺激的事情；和孩子登山远足，站在山顶体验"一览众山小"的美妙，是多么惬意的事情。经常陪孩子做户外运动，对于缓解孩子的焦虑、抑郁情绪十分有帮助。

3.倾听孩子的心里话

倾诉可以有效地缓解内心的焦虑和抑郁情绪。倾诉的方法有很多，比如可以找人聊天，也可以写日记，等等。倾诉的过程就是把内心的负面情绪倒出来，倾诉之后整个人会感到身心轻松。因此，家长可以鼓励孩子倾诉，在孩子倾诉的时候应当耐心倾听，倾听后给孩子安慰和关爱，有助于缓解孩子的心理压力，减轻孩子的焦虑和抑郁情绪。

4.鼓励孩子做喜欢的事

每个人都有自己喜欢做的事情，即个人的兴趣爱好。做自己喜欢的事情时，人会感到心情愉悦。对于压力大的孩子，鼓励他用自己的爱好来转移压力，这不但有助于他缓解抑郁情绪，还可以帮助他培养爱好，一举两得。

压力大的孩子还会自卑、自闭、缺乏安全感

生活中，有些孩子仿佛自带光环，走到哪里都那么耀眼，他们自信、阳光、活泼、乐观；而有些孩子就过于默默无闻，每天悄悄坐在角落里，不好意思和同学嬉戏打闹，也没有勇气在阳光下奔跑，他们自卑、自闭，缺乏安全感，遇事总是唯唯诺诺、缺乏自信。为什么这两类孩子的差别如此之大呢？很重要的一个原因就在于后者背负了沉重的心理压力。

小南读初一，他的成绩平平，喜欢独来独往，平时不爱和同学说话，不找别人借东西，也不向老师请教问题，在同学们眼中简直就是可有可无的存在。据班主任老师说，小南以前的性格不是这样的，他的变化与父亲的一次训斥有关。

　　那是初一上学期的期中考试，小南的成绩从原来的第10名狂跌至倒数第10名，参加家长会的父亲非常生气，当众质问他为什么只考那么点儿分数，怀疑他每天回家都是"假用功"，气愤之余还狠狠地打了小南一巴掌。小南羞愧难当，眼泪在眼眶里打转，但又不敢哭出来。更让小南难堪的是，这个情景被全班同学和他们的家长看见了。

　　后来，班上的同学经常在背地里议论小南的事情，这让小南感受到前所未有的压力。他说："大家看我的眼神小心翼翼又带着一点儿同情，那件事成了我心底里的一道伤疤。"渐渐地，小南变得沉默寡言起来，不愿意再和同学一起玩，时间长了他变得越来越孤僻。

　　孩子看似没心没肺，其实是十分敏感而脆弱的，尤其是青春期的孩子，父母的一言一行都会在孩子心中泛起涟漪。如果父母当众批评孩子，不给孩子留面子，那么孩子的自尊心就会被深深地刺伤，以至于不得不承受巨大的心理压力。孩子会想：我是不是很没用，大家会怎么看我呢？而当人们在背后议论他们时，他们更会觉得后背发凉，恨不得找个地缝钻进去。

　　作为父母，我们虽然不可能一直保护着孩子，但是当孩子遭受挫折时，如果能够给孩子宽容、安慰和鼓励，而不是批评、指责和惩罚，那么对孩子来说就是最好的安慰，对保护孩子的自尊心和培养孩子的心理承受力都是非常有帮助的。

　　除了父母不当的教育方法会给孩子带来伤害、带来心理压力之外，父母过于看重孩子的学习成绩，把孩子的成绩作为衡量孩子优秀与否的标准，也会给孩子造成心理压力。因为父母过分看重孩子的成绩，会让孩子过分在乎自己的分数，而一旦考试失利孩子就会觉得丢人，觉得对不起父母，从而产生自卑心理。下次再考试时，孩子就会背负很大的压力。

复旦大学哲学系教授陈果曾说："太看重结果，会影响你享受整个做事的过程，得不偿失。"这个道理提醒我们家长，不要太在意孩子的学习成绩，毕竟学习成绩只是衡量孩子掌握知识水平的一个标准，不能说明孩子其他方面的能力。从长远来看，更应该重视孩子综合素质的培养，包括激发孩子的学习兴趣，提高孩子的身体素质，培养孩子的人际交往能力和生活能力等。

此外，家庭环境也会影响孩子的心理健康，好的家庭环境可以成就孩子，不好的家庭环境可以毁掉孩子。比如，家庭不和睦，特别是父母关系糟糕，或父母忙于工作，忽略了孩子，让孩子感受不到爱，这些情况都会导致孩子缺乏安全感。因此，想要让孩子健康快乐地成长，父母一定要重视对孩子的陪伴，和孩子玩耍、陪孩子做游戏，给孩子生活和精神上的关爱。同时父母双方也要经营好婚姻和家庭，相亲相爱。在这样一个其乐融融的家庭环境中，孩子才会充满安全感，才能自信阳光地成长。

压力太大会导致孩子免疫系统失衡，容易生病

人在适度的压力下，身体会产生一种本能的反应，增强体内T细胞的记忆力，T细胞能够用记忆锁定病毒，启动免疫系统进行防范。所以，适度的压力可以激发人体的免疫力。但如果一个人的压力太大，且长时间得不到缓解，其免疫力就会下降。因为人的免疫力会受精神因素的影响，当人因精神不佳而内分泌失调时，免疫力就会下降。研究发现，长期处于高压环境下的孩子，其应急系统长期处在高度活跃状态，压力激素分泌过量，会导致孩子免疫系统失衡，在这种情况下孩子很容易生病。

小樱现在是某重点中学的初一学生，读小学时她一直是老师和同学公认的优等生，学习成绩几乎稳定在班级前五名。可是，自从升入

初中后，她已经累计休学2个月了，原因是患上了"考试恐惧症"。

原来，由于小樱小学阶段成绩突出，老师对她寄予厚望，在获得众多荣誉之后，她形成了"只能赢，不能输"的观念。初一新学期伊始，她感受到前所未有的竞争压力，因为班里都是出类拔萃的学生，她在人群中显得是那么普通。于是，她暗地里憋了一股很大的劲，一心想要名列前茅。

然而，美好的愿望被现实击得粉碎，小樱在初一期中考试中发挥失常，只取得班级第20名的成绩。父母对她有些失望，要求她再加把劲，争取期末考试进入年级前10名。这让小樱感到压力巨大，在后面的模拟考试中，小樱的成绩起伏很大，这让她越来越不自信。后来，小樱一坐到考场上就紧张得不行，头脑发晕，甚至考试前几天就出现浑身乏力的症状，去医院就诊后，她被确诊患有"考试恐惧症"，医生建议她休学。

父母对子女的期望过高以及孩子太过于要强，都会使他们承受巨大的心理压力。在持续的压力下，肾上腺素分泌过多，会将平时极为重要的免疫系统压抑住，从而使孩子感到浑身乏力、体力不支，进而造成免疫力下降。

当免疫系统失衡时，孩子往往会出现睡眠不稳、感冒生病、身体乏力、无精打采、乱发脾气等状况。从这个角度来讲，父母要及时关注孩子的身体状况，通过孩子的身体状况来了解孩子是否正在承受较大的心理压力。

　　压力与免疫力是可以共存的，想要提升孩子的免疫力、抵抗力，让孩子更好地面对学习和生活，父母首先要有一个好心态，父母心态好，孩子才会感到轻松。其次，现在的孩子面临的学习压力、竞争压力都很大，父母要设法帮助孩子减压，比如多引导孩子用积极的眼光看问题，多陪孩子外出散心；再者，父母还要多带孩子加强身体锻炼，比如和孩子一起跑步、骑车和游泳等，这些运动都能有效地增强孩子的免疫力。

压力会导致孩子神经性厌食、呕吐等

随着社会竞争的加剧，很多家长把这种压力直接或间接地转嫁到孩子身上，"不能输在起跑线上"的教育理念给孩子造成了巨大的心理压力和生理伤害。医学研究发现，压力过大会导致孩子出现神经性厌食、呕吐等症状，严重影响孩子的身心健康。

刘芳出生在一个经济条件和文化背景都很好的家庭，父母从小对她寄予厚望。刘芳上一年级的时候，妈妈放下繁忙的工作，专心在家陪读，她给刘芳报了钢琴、舞蹈等五个特长班。然而，刘芳对这些特长班并不感兴趣，学习不认真，经常三心二意，父母非常生气，反复严肃批评她，有时候还会体罚她，这才迫使她乖乖就范。就这样，刘芳硬着头皮坚持了两年。

上三年级的时候，有一次刘芳与父母赌气后出现呕吐、失眠、情绪暴躁等症状，刚开始父母没有在意，但20多天后类似症状再次出现，而且随着时间的推移，发病频率越来越高。半年后，刘芳的病情加重，症状严重到一天呕吐十几次。

全家人慌了，带着孩子先后到全国十多家医院治疗，花费了几十万元，但并未查出个所以然。直到在山东省潍坊市某医院就诊，事情才出现了转机。医院的神经内科主治医生杜医生查看了刘芳辗转十几家医院近半尺厚的病例，并对刘芳进行了一周左右的临床观察，最后得出诊断结论：刘芳所患之病为精神压力引起的植物性神经功能紊乱。原因是她从小在父母的高期望下，上着不喜欢的培训班，承受着巨大的精神压力，从而导致神经性功能紊乱，引起呕吐。

后来，经过42天的对症治疗，刘芳终于康复出院。

所谓植物神经功能紊乱，是因长期精神紧张，心理压力过大，以及生气和精神受到刺激而引起的一组症状群，是一种内脏功能失调的综合征。包括循环系统、呼吸系统、消化系统等功能失调症状。当然，这多是由心理和社会因素诱发的人体生理功能暂时性失调，患者通常会出现头疼、失眠、记忆力减退、心慌胸闷、腹胀、消化不良、便秘等不良情况，但客观的检查却又查不出病理改变，因此很容易被误诊为冠心病、心肌缺血、胃肠病、精神病等。这一点在案例中就有很好的体现，因此当孩子出现厌食、呕吐等情况时，我们不能仅从医学上来判断孩子患了什么病，还应该多了解孩子的精神状态、心理状况，从而力求更准确地找到孩子的病因。

　　一位心理辅导师说，孩子承受压力的能力因人而异，即使同一个人，在不同时期承受压力的能力也是不同的。如果孩子承受的压力太大或持续太久，不仅会影响其学习成绩，而且还可能威胁孩子的身心健康，主要表现为情绪上出现焦虑、沮丧、烦躁不安、过度敏感、暴躁等状况；认知上出现注意力不集中、记忆力下降等状况；身体上出现头疼、食欲下降、心慌、睡眠不好等状况；且易患感冒等。

　　当孩子出现以上状况时，家长要多从心理上对孩子进行疏导，帮助孩子释放压力。比如，多陪孩子进行户外活动，不要让孩子一个人闷在家里。进行户外活动不仅可以呼吸到新鲜空气，还可以通过身体运动来调节植物神经，也可以在活动中与他人交流，从而达到心理愉悦的目的。

第 3 章
孩子沉重的压力从哪里来

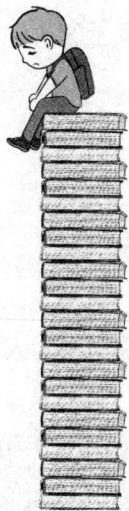

　　很多人不理解，现在的孩子吃得好、穿得好，玩得好，为什么还总是喊累？殊不知，孩子的压力一方面源于自身，比如对自己要求过高或者自己的愿望无法实现时，他就会产生失落感、挫败感，进而产生压力。另一方面，孩子的压力与父母的教养方式也有很大的关系，比如父母对孩子期望过高，对孩子控制欲太强，让孩子感到压抑，继而产生压力。

孩子的压力一多半来自于父母

当今社会竞争压力很大，不少为人父母者真切感受到竞争的残酷，深切感受到生活的艰辛，他们不希望孩子将来过自己这样的生活，于是寄希望于孩子能够出人头地，从小便给他们做好人生规划，严格要求孩子，让孩子学这学那。这种高期望、严要求压得孩子喘不过气来，更可怕的是面对这种巨大的精神压力，年幼的孩子无力反驳，更没办法反抗，只能硬着头皮去扛。可想而知，他们心里有多累。

有个男孩是家中的独生子，他从小背负着父辈极高的期望，父母为他设立了许多条条框框，竭力想将他培养成各方面都非常优秀的人才。他除了在学校里学习各门功课外，课后还要上多个培训班，比如书法培训班、钢琴培训班、舞蹈培训班、跆拳道培训班等，而且父母要求他在各种兴趣班都要成为佼佼者。男孩也很争气，无论是在学校还是在校外培训班中，他都表现得很出色。

在父母的高期望下，男孩形成了这样一种观念：一定要用自己最好的表现来使父母高兴，因为在他看来，只有达到了父母的要求，才能得到父母的夸奖，这样才显得自己是有价值的。也正因为如此，男孩特别在乎别人对自己的评价，如果别人对他略有微词他便情绪低落，而且在行为上经常有神经质的表现，处处想展现自己优秀的一面。另外，他也不像其他同龄孩子那样尽兴地说笑和玩闹，似乎总有一种紧绷着的感觉……

从小就背负着父母沉甸甸的期望，这种无形的压力对孩子的身心健康会产生极大的负面影响。曾经听过一些孩子这样自述："我觉得自己很没用、很无能，因为看到父母满怀期望的目光，再看看我的成绩，我心里就非常难过，不知如何才能达到父母的要求，现在一看书、一考试我就害怕……"

有一份针对中小学生的调查显示，42.4%的学生因"学习成绩提高"而感到快乐和幸福，57.6%的学生因"学习压力大"而苦恼。其中，"学习压力大"是中小学生烦恼的主要原因，而学习压力并不是来自学校常规的课程，主要来自父母的额外加压，这主要表现为学习时间太长，课余时间太少。

孩子白天最晚也得8点到校，晚上还要学习到深夜。虽然有周末，但如今的孩子普遍有辅导班、课后延时服务、课后作业托管班、周末培训班等。这些额外的辅导与作业极大地挤占了孩子的课余时间，让孩子疲于应付，而决定孩子是否参加辅导班的权力在于父母，这无异于把孩子变成了一个提线木偶。

根据PISA（国际学生评估项目）数据显示，中国学生每周平均课外学习时间为13.8小时，位于全球第一。这个数据再加上家教与课外辅导时间，每周超过OECO（经合组织）国家平均值7个多小时。这一现象在一线城市更为严重，一个5岁的孩子一天要上的五花八门的课程甚至多达10节。试问，孩子还有玩耍的时间吗？孩子又怎么会快乐呢？

更严重的是，学习时间太多会影响孩子的身体健康。这一点想必也是很好理解的，因为一味地牺牲休息时间、游戏时间来学习书本知识，不符合孩子的生长规律和心理发展规律，容易导致孩子近视或影响身体发育。

此外，来自父母的压力还包括不正确的教养方式给孩子造成的压力，如带有羞辱性的批评教育、打骂教育造成的身心伤害，父母关系不好导致孩子缺乏安全感，父母长期在外地务工造成陪伴缺失，等等。

综上所述，如今孩子面临的压力，一多半来自于父母。这也警示广大父母，对孩子的期望和要求要把握合适的度，在重视孩子成绩的同时更要关注孩子的身体健康和心理健康，关心孩子是否快乐，尽量多陪孩子做一些轻松愉快的事情，让孩子在爱的滋养下健康成长。

家庭不幸福的孩子压力大

据调查，夫妻经常吵架、婚姻不幸的家庭，孩子出现心理问题的概率是32%，比离异家庭还高出了2%。双亲不和比双亲不全的家庭环境对儿童有更消极的影响，这是因为父母长期争吵不休、处于敌对状态，会使孩子产生极为严重的不安和焦虑情绪。处在这种环境中的孩子，常表现为悲观、多疑、孤僻、心神不宁或神经质等，甚至会进一步导致学业成绩落后、心理变态与反社会行为等诸多问题。

辽宁省辽阳一对夫妻经常当着孩子的面吵架，孩子后来竟然得了抽动症。

一天，辽阳市某医院儿童发育门诊来了一对夫妻，他们带着6岁的孩子前来就诊，夫妻俩对医生说："孩子最近一段时间多次出现嘴角以及全身抽动的症状。"

医生询问孩子第一次出现这种症状是在什么时候，夫妻俩经过一番回忆后表示："我们结婚7年了，最近两三年经常为家庭琐事争吵，而且争吵的时候没有避开孩子。起初孩子看我们吵架总是吓得大哭，随着吵架次数越来越多，孩子再见到我们吵架时竟然不哭了，只是躲起来。"

"前段时间，我们再次吵架，妻子一气之下打算带孩子回娘家，就在这时我们发现孩子的嘴角、眼角及全身开始抽动。我们非常害怕，马上送孩子去医院检查，结果显示孩子的身体没啥问题。可是最近孩子再次出现抽动的症状，甚至有点严重……"孩子的爸爸这样对医生说道。

医生经过详细检查，确定孩子患上了抽动症。医生解释道："夫妻俩经常吵架，而且当着孩子的面吵，会给孩子造成较大的心理压力。由于孩子内心的恐惧感一直压抑着无处发泄，时间长了孩子的心理防御就会转化成身体行为体现出来，抽动的症状就是其中一种。"医生建议这对父母为孩子营造一个和谐的家庭氛围，给孩子足够的安全感，这样孩子的抽动症状就可以减轻直至消失。

孩子性格敏感、爱发脾气、内心脆弱、不合群，他们的父母多半脾气暴躁，经常吵架。而开朗、阳光、活泼、爱笑的孩子，其父母多半性情温顺，比较恩爱，家庭氛围比较和谐。生活在这种家庭中的孩子，安全感十足，由此容易形成稳定的情绪、安宁的性情和温和的性格。

家庭环境好不好、夫妻关系合不合，对孩子的影响是非常深远的。如果在一个家庭里，争吵取代了欢笑，这个家庭就不会有快乐，有的只会是压抑和沉闷。别以为孩子年幼无知，什么也不懂，其实他们的心思比较细腻，父母之间有矛盾，孩子是能感觉到的。这样长久下去，会潜移默化地影响孩子的性格，亲子关系也会出现隔阂。

父母作为孩子最亲近、最重要的人，一言一行都在潜移默化地影响着孩子。夫妻之间的争吵、冷战、隔阂，孩子会看在眼里，有样学样，并逐渐内化成自己错误的价值观、婚恋观，对一生产生重大影响。所以，为了孩子的身心健康，父母不但要努力做好父母，也要努力做好丈夫、做好妻子，经营好夫妻感情，营造好家庭环境，给孩子提供良好的成长环境和丰富的精神营养。

在这里，简单提醒广大父母两点：

1.要发自内心地关爱另一半

一个家庭的幸福，取决于父母之间是否有感情，这种感情是发自内心的喜欢，而不是虚情假意的寒暄。这种感情体现在生活的点点滴滴，包括对另一半的关心、体谅、鼓励和支持。退一步说，即使夫妻之间的爱已消亡，也要尊重对方，尤其是在孩子面前。比如，从说话的语气和态度上要体现出夫妻之间的平等感和尊重感。

2.可以吵架，但尽量避开孩子

从来不吵架的夫妻有吗？几乎没有，因为夫妻就像牙齿和嘴唇，难免会有磕磕碰碰。但不论夫妻之间有什么矛盾，都不要当着孩子的面吵架，可以在孩子上学或出去玩的时候再去处理这些问题。当然，如果可以，请不要吵架，尽量给孩子一个和谐的家庭。

写不完的作业让孩子和父母都崩溃

现在的孩子作业多，可以说是一种见怪不怪的现象。有时候作业多得让孩子崩溃，也让家长深感无奈。

网上有这样一个视频，视频里有个上小学的孩子一直坐在书桌前写作业，也不知道写到晚上几点了。这时，孩子突然抬头瞥见外面的天有些发亮，而且透过窗户恰好看到几道亮光，他以为天亮了，瞬间崩溃，边哭边对一旁的妈妈说："我怎么写作业都写到天亮了……"妈妈一边强颜欢笑，一边安慰儿子，十分无奈。

这个视频虽然有搞笑的成分，但也可以看出如今的孩子作业之多和父母陪写作业的无奈。除了无奈，很多父母还容易着急上火、心理崩溃。曾有一位妈妈说："现在家里简直就像战场，每天都在上演亲子大会战，而且大多是由父母陪孩子写作业引起的。"

上海的一位爸爸在辅导孩子作业时突然情绪失控，拿起打火机把孩子的作业本烧了，并顺手扔到楼下，没想到风力太大，点燃的作业本到处飘荡，差点酿成一起火灾。事后这位爸爸十分后悔……

虽然这位爸爸的行为不可取，但他失控的原因却引起了很多家长的共鸣：辅导孩子作业真的太考验父母的耐心了，简直就像在渡劫。不少父母吐槽："不写作业母慈子孝，一写作业鸡飞狗跳。"在大家看来，辅导作业已然成为亲子关系的头号杀手，还给父母的身心健康埋下了隐患。

武汉有一位妈妈因长期辅导孩子作业，不幸患上了焦虑症和抑郁症，并且持续头痛了好几个月。她向心理医生哭诉："我现在都不敢看朋友圈里的家长讨论孩子，因为看到别人家的孩子那么优秀，我就觉得自己非常失败。"

还有的父母因辅导孩子写作业，而诱发高血压、心脏病，也有的孩子因为写作业的问题与父母产生冲突，做出极端的事情。2021年初，一个11岁的女孩就因家庭作业问题和父母发生冲突，跳楼身亡。

为什么写不完的作业让孩子和父母都崩溃呢？从表面上来看，作业是引起亲子关系恶化的罪魁祸首，实际上它只是亲子间争夺控制权的具体表现。真正让父母和孩子都崩溃的不是作业本身，而是彼此害怕失去掌控感。

对于父母来说，他们希望孩子按照他们的要求完成作业，比如写作业时要专注、认真，字迹要清晰、工整，答题要正确、完成效率高等。如果孩子达不到这些要求，父母就会感觉失去了掌控感，于是想方设法去纠正孩子、督促孩子、要求孩子。对于孩子来说，他们希望按照自己的方式来完成作业，不喜欢父母总在一旁盯着唠叨，时不时指手画脚，那样会让他们感到很不舒服。所以，父母和孩子就很容易在作业问题上产生矛盾和冲突。

那么，怎样才能减少或避免父母和孩子在作业问题上产生冲突呢？其实父母只需做到以下几点即可。

1.提醒孩子上课要认真听讲

孩子能不能正确而高效地完成作业，与其在课堂上的学习效果直接相关。如果孩子上课时能够认真听讲，把老师所讲的知识点消化掉，那么完成家庭作业就会比较轻松，父母也就不用操心辅导孩子写作业的事情。因此，想要避免父母和孩子因作业问题产生冲突，父母首先要提醒孩子上课认真听讲，让孩子养成良好的听课习惯。比如提醒孩子边听讲边做笔记，课后及时完善笔记、复习笔记、消化笔记里的要点等。告诉孩子，对于课堂上未理解的知识点，课后要第一时间向老师求助，别让不懂的问题过夜。

2.帮孩子养成高效完成作业的习惯

有些父母总是吐槽孩子写作业磨蹭，其实并非孩子天生爱磨蹭，这里面是有多方面原因的。除了孩子课堂上没有吸收老师讲授的知识点，导致做作业磨蹭之外，还与父母爱给孩子额外布置作业有关。孩子会想，我把老师布置的家庭作业做完了也不能玩，那我还写那么快干吗？所以，想让孩子写作业时不磨蹭，养成高效完成作业的习惯，父母最好别给孩子布置额外的作业，以确保孩子做完作业有自由支配的时间。这样孩子才有学习的动力，才愿意快速完成作业。

3.对孩子写的作业不能要求太高

很多父母对孩子写的作业要求很高，比如不能出现错别字，不能出现做错的题，否则就把错字、错题抄写10遍；作业不能涂涂改改，否则要重写；写作业时不能东张西望，不能玩笔，否则就大声呵斥。在这种高要求、严管控之下，孩子对写作业产生了恐惧感，也就不愿意写作业了，更别说把作业写好了。因此，建议父母不要对孩子写的作业要求太高，避免孩子产生畏难情绪。要多鼓励、多肯定、多夸奖，让孩子从写作业中收获快乐，这样孩子对写作业才会充满信心，才愿意把写作业这件事做好。

孩子害怕考试，背后有哪些原因

考试是检验学生学习成果的重要手段，也是老师了解学生对知识掌握程度的有效方法。可是总有一些孩子不愿意考试，甚至害怕考试，临考时和考试时紧张不安，严重影响发挥。有些孩子不仅是害怕大考，如期中考试、期末考试、月考，甚至连平时的单元测验也害怕。那么，他们到底为什么害怕考试呢？背后有哪些原因呢？归根结底，其实有以下两方面原因。

一、父母或老师过于看重孩子的成绩

相信没有哪个家长不在意孩子的成绩，或对孩子的成绩没有要求和期待的。每个家长都希望自己的孩子成绩出色，这是人之常情。只不过家长对孩子的成绩重视的程度不同、所提的要求高低不一样而已。有些家长对孩子的学习要求严格，对孩子的成绩寄予过高的期望，当孩子的成绩不理想时，他们便忍不住批评、指责孩子，这让孩子感到十分痛苦。

有些家长可能会不理解："我孩子没考好时我从来没有批评过他，我总是对他说'没关系'，为什么他还害怕考试呢？"的确，也许有些家长嘴上不批评孩子，但得知孩子成绩不理想时，表情、态度上会不由自主地流露出失望和不满，这也会让孩子很有压力。

除了父母重视孩子的成绩外，老师也在意孩子的成绩，不希望孩子因一些低级错误而丢分，或有些题目明明讲过多次，但孩子还是会出错时，老师可能就会表现出不满情绪："这种题目明明就是送分题，你居然不会做，你上课干吗去了？"老师的出发点和用意是好的，但这样的质问无形中会给孩子带来压力，让孩子对考试产生畏惧心理。

二、孩子对自己要求太高，却达不到

有些孩子好胜心强，考试时希望考出好成绩，让父母和老师引以为傲，让同学们投来羡慕的目光。他们渴望得到别人的认可，不允许自己犯错，不允许自己表现不好。这是一种由内而外的"自我需求"。当考试没考好时，他们会产生深深的自责和内疚，觉得对不起父母和老师。然而，如果他们没有绝对的把握考好，那么考试时就会紧张。而当他们几次都没考好时，后面再考试时就容易产生恐惧心理。

针对以上两方面的原因，家长要想消除孩子对考试的恐惧感，可以参考以下几点：

1.正确认识考试，正确看待分数

作为家长，自己首先要正确认识考试，正确看待孩子的分数。有些家长谈到孩子的成绩时，总以孩子考满分、高分为荣，以孩子考低分为耻。殊不知，考试不过是对过去某一阶段学习成果的一种检验，如果孩子考得好，说明孩子过去这一阶段学得好，但这并不代表孩子就有多优秀，或未来就一定能取得好成绩。反之，如果孩子没考好，那就说明他过去某一阶段没有学好，有些知识还没有掌握，这需要孩子正视错误、查缺补漏。

所以，家长不能只关心孩子的分数，只关心孩子的考试名次，而要把注意力放在"解决问题"上，引导孩子用正确的态度看待考试，用积极的态度对待试卷中的错题。只要孩子每次把试卷中出错的题目都学会，相信下一次孩子的成绩就会大幅度提高。

2.引导孩子逐步适应考试中的失败

对于自我要求高的孩子来说，考试成绩不理想无疑是一种巨大的失败。对于这样的失败，有些孩子一旦经历了几次，可能会承受不住打击，从而变得垂头丧气，一蹶不振。因此，家长要给孩子做好心理辅导，告诉孩子："考试成绩不理想，并不代表你失败了，只说明你过去某一阶段的知识掌握得不够牢固，还需加倍努力。"努力的方向很明确，即找出错题背后的知识点，回过头来再进行学习，直到彻底掌握为止。

3.加强日常学习，牢牢掌握知识点

想要让孩子考试成绩优秀，最简单的方法是让孩子认真学习日常功课，牢牢掌握知识点。只要孩子平时学得好，考试的时候一般不会被难倒。因此，要督促孩子每日预习、复习，并要求孩子认真完成家庭作业。当然，平时也可以适当给孩子安排一些单元测试、强化训练等。

另外，家长还要教孩子一些基本的答题方法，比如养成先易后难的做题习惯，合理分配考试时间，保持从容不迫；养成做完题后认真检查的习惯，减少粗心所犯的错误，避免不必要的丢分。

孩子在人际交往方面有哪些压力

如果有一天孩子突然哭着回家对你说："爸爸（妈妈），我不想上学了，我不想再见到我的同学，因为他们都不和我玩，还一起嘲笑我、欺负我，我一点儿都不开心！"听到这话，想必很多家长先是一惊，然后会认为这是孩子之间闹了小矛盾，过几天就好了，于是简单安慰几句作罢。可如果过了几天，孩子还是很抗拒上学，也很抗拒和同学交往，甚至情绪越来越不好，性格也变得越来越沉闷，那么这种情况下他很有可能是被同学孤立了，对此家长一定要高度重视。

也许你会忍不住发出这样的疑问："孩子之间也会出现孤立行为吗？"答案是肯定的，人类是社会性动物，每个人都有社交需求，孩子也不例外。孩子从来到这个世界上开始，就需要与别人交往、沟通，如果孩子在人际交往方面出了问题，总是被排斥和孤立，他就很可能会出现心理问题，比如自我怀疑、抑郁、悲伤等。而一旦家长忽视了孩子在人际关系方面遇到的问题，孩子承受的心理压力就会越来越大，这种压力就像滚雪球一样，最后让孩子无法承受，严重影响其身心健康，甚至会对其未来造成难以消除的负面影响。

那么，孩子在人际关系方面到底会面临什么样的压力呢？其实主要就是"同伴压力"。所谓同伴压力，简单来说就是指孩子因害怕被同伴排挤，为了得到同伴的接纳，而放弃自我感受，做出顺应周围人的选择。同伴压力有积极的一面，会促使孩子朝好的方向发展。比如，同伴都爱学习、爱运动，那么孩子在这样的氛围中，很可能也会爱上学习、爱上运动。否则，他就会失去朋友圈子，甚至变得没朋友。

当然，同伴压力也有消极的一面，会让孩子变得盲从、随大溜，会让孩子陷入痛苦和焦虑。很多人都有这样的经历：班级里会分各种小团体，身处这样的小团体中，每个孩子多少都会受到同伴的影响。大家做什么，你就得做什么，否则你就显得另类，甚至会被排挤出团队，而一旦被小团体排除在外，你就会变得孤独，还可能成为校园欺凌的受害者。所以，同伴压力会让孩子在"乌合之众"中迷失自我，难以形成正确的是非观。

有位老师曾分享过这样一个故事：

一天，他在操场的角落里看见一群学生在抽烟，令他震惊的是，这里面有一个成绩特别好、平时很乖巧的学生晓龙。

他把晓龙叫到办公室谈心："你是老师心目中优秀的学生，为什么要学抽烟？"

晓龙支支吾吾地说："因为我所有的朋友都抽烟。"

老师马上意识到，晓龙是迫于同伴压力才抽烟的，如果他不抽烟，可能会显得不合群，甚至会失去朋友。因此，为了维护友谊，他放弃了自己做事的原则，哪怕他知道这样做是错的。

从这个案例中可以看出，孩子比大人想象中更害怕孤独，更在意同龄人对自己的看法。这也是为什么在诱使青少年吸毒的原因中，"同伴诱导"成为罪魁祸首。不少青少年都是这样被诱导的："你吸还是不吸？是不是没胆？"为了合群，为了得到朋友们的认同，他们往往会被迫屈服，结果在同伴压力和自己的好奇心驱使下，一步步滑向深渊。

那么，面对这种人际关系方面的压力，父母该如何引导孩子呢？

1. 帮助孩子发现自身的价值

有一本故事书，其中一篇讲的是小女孩喜欢吃青豆的故事。这个小女孩喜欢吃青豆，可是她怕被不吃青豆的大多数人嘲笑，于是不敢承认这个事实，也不敢吃青豆。慢慢地，她身上长满了条纹，条纹会随着别人的要求变化而变化，但小女孩不会拒绝别人的要求，结果自己变得面目全非，非常痛苦。故事最后，小女孩承认了自己爱吃青豆的事实，并大胆地吃青豆。结果，她身上的条纹全部消失了，她又变回了从前那个靓丽的自己。

这个故事告诉我们：太在意他人的评价和认同会给自己造成压力，让自己不知所措、寸步难行。也提醒家长们要教孩子发现自己的价值，而不是寄希望于通过别人的认同来获得价值感。父母有必要告诉孩子："不是别人觉得你好，你就真的好；也不是别人觉得你不好，你就真的不好。你到底好不好，取决于你自己怎么看待自己。"

当然，孩子的自我价值感也源于父母的关爱、关注以及无条件的接纳。所以在日常生活中，父母要多关注孩子的学习和生活，关心孩子的情绪变化，接纳孩子不好的行为，肯定孩子好的表现，给孩子积极的情感反馈。孩子有了来自家庭的爱与支持，才会变得自信阳光。

2.教会孩子拒绝无理的要求

很多时候，孩子是有是非观的，他们知道什么事情是错的，是不应该去做的，可是迫于同伴压力，他们没有勇气去拒绝，因为他们害怕被孤立，他们也是身不由己，非常无奈。因此，家长应该教会孩子坚持心中的原则，不能因为别人这样做，自己也盲目地随波逐流。同时，也要告诉孩子，当别人提出无理要求时，不仅自己要敢于拒绝，还要敢于阻止他人盲从。不懂拒绝的孩子，最后往往也会吃亏的。只有懂得拒绝的孩子，才能收获长久、稳定和健康的友谊。

3.帮孩子树立正确的择友观

近朱者赤，近墨者黑。孩子和什么样的人相处，就容易受到什么样的人的影响。为了避免孩子受到不良同伴的影响，家长有必要帮孩子树立正确的交友观，培养孩子人际交往的能力。好的朋友是生活中的阳光，会给孩子带来温暖和光明。一段健康的友谊，带给孩子的应该是正能量，应该是快乐、幸福。因此，家长可以鼓励孩子和那些积极上进、乐观阳光的人多交往，以便从他们身上获得正能量。这有助于孩子不断提升自我，变得更优秀。

各种兴趣班和培训班有必要报吗

有这样一则新闻：

女孩甜甜原本活泼开朗、乐观友善，可是她5岁那年，被妈妈逼着报了4个兴趣班。3个月后，她的性情逐渐发生改变——敏感、烦躁、郁郁寡欢，甚至充满攻击性。医生诊断后发现，甜甜患上了轻度抑郁症。

"望子成龙""望女成凤"是很多为人父母者的心愿，为了让孩子往后的人生道路走得更顺，有些父母费尽心思、不惜重金也要挖掘孩子的天赋和潜能。然而，盲目地挖掘，不仅无法找到孩子的天赋，还可能毁掉孩子。

苏联教育家苏霍姆林斯基曾说："世界上没有才能的人是没有的。问题在于教育者要去发现每一位学生的禀赋、兴趣、爱好和特长。"从这个观点中可以看出，针对孩子的禀赋、兴趣、爱好和特长进行培养是有必要的，但前提是要发现孩子的禀赋、兴趣、爱好和特长。

那么，怎样才能发现孩子的禀赋、兴趣、爱好和特长呢？深入思考之后，你会发现其实禀赋、特长往往是隐形的，不容易被发现的，但孩子的兴趣、爱好是显性的，可以从孩子的一言一行中体现出来。而且很多时候，孩子的禀赋和特长，可能就藏在孩子的兴趣和爱好之中。因此，针对孩子的兴趣、爱好给孩子报兴趣班、培训班是可行的，但有几点建议家长务必要注意：

1.明确给孩子报兴趣班是满足孩子的需要，还是满足家长的需要

当今社会，给孩子报兴趣班俨然成为一种风气。好像你不给孩子报个班，你的孩子就不如别人家的孩子。这种风气的形成，与培训机构不遗余力地宣传和贩卖焦虑有关，也是家长盲目攀比的虚荣心在作祟。有些家长给孩子报班非常盲目，甚至不考虑孩子喜不喜欢这个班，这样的班到底适不适合孩子。这种报班行为完全是家长满足自我的需要，而非满足孩子的需要，是非常不可取的。

2.扪心自问：给孩子报的兴趣班孩子真的感兴趣，也适合孩子吗

所谓兴趣班，就是以兴趣为先的培训班。都说兴趣是最好的老师，爱玩、享受玩的过程，在玩的过程中学习，这才是兴趣班的初衷和核心意义。因此，给孩子报兴趣班后，不妨扪心自问：孩子真的喜欢这个兴趣班吗？这可以从孩子在兴趣班上的表现，从老师的反馈中了解。如果孩子开开心心地上兴趣班，在兴趣班上表现活跃、积极参与，回家后还津津乐道兴趣班上的学习情况，那就说明孩子是真的感兴趣。如果孩子整天愁眉苦脸、不愿意去上兴趣班，在兴趣班上沉默不语，不愿和老师、同学互动，那就说明孩子不喜欢这个兴趣班。

再者，家长还要考虑兴趣班是否真的适合孩子，比如，孩子从小喜欢画画，对色彩敏感，可以给孩子报美术班，从而重点培养孩子的绘画能力和想象力。再比如，如果孩子从小好动，可以给他报篮球、足球训练班，以锻炼孩子的身体素质，消耗掉孩子过多的精力。

总之，给孩子报兴趣班之前，家长要耐心听取孩子的意见，并慎重思考兴趣班是否适合孩子，然后再做决定。

3.宽容以待：如果孩子坚持不下去，要学会理解孩子

孩子的兴趣是会变化的，前几个月喜欢画画的孩子，几个月后可能就不喜欢画画了。孩子的毅力也是有限的，或许兴趣班里的学习可能会使他感到疲惫，导致他无法坚持下去。面对这种情况，家长要学会宽容以待，给予孩子更多的理解。毕竟，给孩子报兴趣班的初衷还是为了让他快乐地学习。既然孩子不爱了，不快乐了，那苦苦相逼又有什么意义呢？

当然，如果孩子的兴趣依然在，只是因为学习太累不想坚持了，那么对于这种情况，家长还是应该多鼓励孩子，多积极引导孩子，陪孩子一起坚持下去。因为这也是培养孩子意志力的好机会。

最后，忠告广大家长，给孩子报兴趣班要量力而行、适可而止，因为它涉及费用支出。作为家长，重视孩子的成长没有错，但不能不顾家庭经济状况，盲目地追求兴趣班的数量，而忽视兴趣班的质量。给孩子报班，既要从家庭实际出发，也要从孩子的实际情况出发，真正去满足孩子的兴趣和需求，切莫让兴趣班成为孩子或家庭的负担。

第 4 章
培养内心强大的孩子

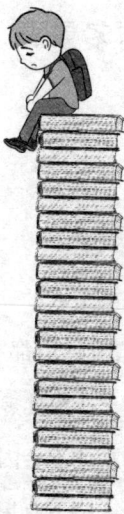

作家龙应台在《山路》里说过这样一句话："有些事，只能一个人做；有些关，只能一个人过；有些路啊，只能一个人走。"孩子在其人生道路上，注定要面对那些只能他一个人做的事、只能他一个人过的关，只能他一个人走的路。唯有内心强大的孩子，才能做好这些事、过好这些关、走好这些路。

一个孩子内心强大，有多重要

"内心强大"这个词相信家长们都不陌生，我们可以将其解读为阳光开朗、坚韧不拔、迎难而上、愈挫愈勇，等等。内心强大的孩子不会因为老师一句批评而郁郁寡欢，不会因为父母一次责骂而变得胆战心惊，他们心中有爱，眼里有光，脚下有坦途，前方有希望，他们有一颗积极向上之心，有在困难面前不低头、不服输、不放弃的拼劲。

美国加州曾发生过这样一个真实的故事：

一家人去森林露营，8岁的姐姐和6岁的妹妹意外走失，两人在野外生存了44个小时。救援人员找到她们时，发现她们的脸上没有丝毫惊慌失措，相反她们的精神状态特别好。

事后姐姐描述了当时的场景："当我们发现自己迷路后，我们就在原地等待，没有乱跑。"妹妹说，当她因为害怕而哭泣时，姐姐安慰她："多想些高兴的事，想想家人。"这种淡定稳重的心态让人惊叹，也让她们获得了新生。

案例中的姐妹俩，尤其是姐姐，其强大的内心令人折服，那种面对困难不慌张、面对绝境不恐惧的淡定之心，足以让她应对生活中的艰难困苦。内心强大的孩子，就像穿了一副盔甲。有了这副盔甲，孩子的心态稳定、信心十足、所向披靡。

相较于故事中姐妹俩的强大内心，再看看当今青少年的"玻璃心"——批评几句就不吃不喝，甚至离家出走；不给手机玩就要死要活，甚至跳楼；成绩不理想就崩溃，甚至逃避上学……由此可见，一个孩子内心强大有多么重要。

内心强大的孩子面对问题、面对错误、面对挫折时，更加坦然、更有能力去解决，而不会表现出羞愧、内疚、畏缩、害怕、逃避等负面情绪。

内心强大的孩子更有主见，对来自于外界的信息有自己独立的分析和判断，而不会盲目从众、随波逐流。

内心强大的孩子在人际交往中更有信心，他们能分清自己和他人的界限，能够在尊重他人的同时坚定地做自己，能够坦然地对别人的越界行为说"不"。

内心强大的孩子拥有超强的爱与被爱的能力，既不会过分依赖别人，过于照顾他人的感受，也不会忽视自己的感受，过于委屈自己。

内心强大的孩子更有力量处理同伴的压力，他们愿意帮助别人，帮助别人会让他们更有人格魅力，会让他们的内心更有力量，会让他们更快乐。

内心强大的孩子具有超强的自我认知能力，他们清楚自己需要什么，会坚守自己的行为和处事原则，能够按照自己的想法活出自己想要的样子，活出精彩的人生。

看到内心强大的孩子有如此多的优点，你是不是很想知道内心强大有哪些评判标准？我们来看看以下几点。

1.自我赋能

内心强大的人懂得自我赋能。所谓自我赋能，就是在面对不利局面和负面情绪的时候，能给自己积极的心理暗示，给自己加油打气，尽快调整自己的精神状态。这种自我赋能的能力，内心强大的孩子也是具备的。这种能力往往来自于父母从小对他们的教育，比如当孩子遇到困难时，父母给孩子加油打气，鼓励孩子调整心态，积极应对。当孩子通过努力战胜困难后，父母再给孩子充分的肯定。慢慢地，孩子就学会了自我肯定，学会了给自己积极的心理暗示。

2.适应变化

变化考验一个人的应变能力和适应能力。对孩子来说，变化会让他们感到不舒服、不适应，甚至会紧张、恐慌。比如，新学期来了新老师、新同学，好朋友搬家、换校，宠物突然死亡等，这些变化在成人看来稀松平常，但在孩子看来却是天大的事。所以，面对这样的变化时，家长应当给予孩子足够的安全感和情感支持。一个安全感很足的孩子，一个长期被无条件关爱的孩子，可以更好地适应变化，面对变化时往往也能从容面对。

3.懂得说"不"

在我们的家庭教育和学校教育中，敢于说"不"，是孩子最缺失的一部分。家长们作为过来人，大都明白一点：越长大、经历的人和事越多，就越懂得说"不"的重要性。说"不"可以抵御伤害，可以维护自身权益，可以坚守本心。说"不"是一种勇气，更是一种能力，一种做选择的能力，一种做自己的能力。想要让孩子具备这种能力，家长首先要做到尊重孩子的发言权，认真倾听孩子的想法。更重要的是，面对孩子不合理的要求和错误的想法，家长也要坚定地说"不"，因为这也是在给孩子做榜样。

4.情绪稳定

判断一个人内心是否强大，可以看他的情绪控制力怎么样。真正内心强大的人，不会轻易受到外界的干扰，他们的情绪非常稳定、心态很平和，他们不会大悲大喜，不会喜怒无常。就算遇到很大的困难、遭遇很大的打击，他们表面上也能做到风平浪静，尽管内心可能暗流涌动。

5.直面挫折

人生从来没有一帆风顺，生活也不可能事事如意。孩子成长的过程中，遇到磕磕绊绊，甚至摔个跟头都是难免的。越是这个时候，越能彰显内心强大者的本色。父母爱护孩子、心疼孩子，这种心情可以理解，但放手让孩子去吃苦、去磨炼才是对孩子更高级的爱。

为什么"玻璃心"的孩子越来越多

　　网络上有个流行语叫"玻璃心"，指的是一个人心理素质差，内心脆弱得就像玻璃一样，经不起批评或指责。有玻璃心的孩子，情绪容易失控，做事冲动、不计后果。关于青少年因"玻璃心"而造成的悲剧时有发生。

　　一个8岁女孩因妈妈不让她看手机，批评了她几句，她居然选择轻生，幸好家人发现及时，才挽救了她的生命。

　　一个男孩因爸爸不让他看电视，与爸爸发生争吵后居然从自家的楼上跳了下去，结束了自己的生命。

　　李某学习成绩不好，平时喜欢玩手机。一天中午他玩手机时被老师逮个正着，手机被没收，结果他直接从教学楼三楼跳了下去。

……

上面案例中的几个孩子都有一颗"玻璃心"，有"玻璃心"的孩
子，往往都有以下特点：

特点1：过于在乎别人的看法

希望得到别人好的评价是人的天性，但现实却告诉我们：不可能
事事让人满意，也就注定不会总是被人好评。当别人对自己持否定评
价或看法时，有些孩子觉得自尊心受到了伤害，轻则感到委屈，忍不
住哭泣，重则暴跳如雷、愤世嫉俗。这种孩子自尊心过于强烈，敏感
多疑，遇事容易钻牛角尖，过于追求完美，很容易形成"玻璃心"。

特点2：接受不了挫折和失败

在很多家庭里，孩子是大人的掌中宝、心头肉，孩子有什么要
求，大人就会尽量去满足，遇到了一丁点儿困难，大人就会帮忙解
决，生怕孩子受委屈。生活在这种环境中的孩子很难接受挫折和失
败，抗挫折能力极差，面对挫折，第一反应就是找大人帮忙，自己没
有解决问题的意识和能力。一旦大人让他自己解决问题，他就开始哭
闹，这也是典型的"玻璃心"。

特点3：情绪控制能力差

"玻璃心"的孩子就像一个小火药桶，属于易燃易爆物品，他们
的情绪控制能力极差，稍有不如意就大哭大闹、暴跳如雷。比如，小
朋友来家里玩，玩了他的玩具，他就会大吵大闹发脾气。果盘里的水
果，别人吃了一块，他可能就会大吼大叫，极度不满。这样的孩子在

家里就是小霸王，以后进入社会也很容易吃亏，因为别人不可能像父母一样无条件地迁就他。

特点4：容易不计后果地冲动

一般情况下，孩子"玻璃心"并不可怕，顶多就是哭闹一番，一副不高兴的样子，怕就怕孩子不计后果地做出冲动行为，比如摔东西、攻击人、离家出走，甚至自残、轻生，这些行为才是最可怕的。

那么，为什么现在"玻璃心"的孩子这么多呢？到底是哪些原因造成的呢？其实，这跟家长的教养方式有直接关系，主要表现为以下几点：

1.特殊待遇

孩子从小在家庭中的地位就高人一等，处处被特殊照顾。比如，吃独食，好吃的孩子优先享用；爷爷奶奶、爸爸妈妈过生日什么都没有，但孩子过生日必须买蛋糕、送礼物。有这种待遇的孩子就会觉得自己特殊，久而久之就习惯于高人一等，也很容易变得自私、冷漠、没有同情心。

2.当面袒护

有时候爸爸管孩子，妈妈护着说："他还小，干吗对他这么严厉。"有时候父母教育孩子，爷爷奶奶就会站出来说话："孩子还小，长大了就好了。你们小的时候，还不如他现在呢！"这样孩子自然就没法教育了，因为他有保护伞，可以为所欲为而不用担心受到责罚。

3.过分关注

亲朋好友时刻围着孩子转，时刻关注着孩子。比如，家长经常让孩子在亲朋好友面前表演节目，以获得大家的欣赏和赞美。渐渐地，孩子习惯了被人关注，为了得到关注，就会变得人来疯。

4.轻易满足

孩子要什么，大人就给什么。大人们心想："人家孩子有的，我家孩子不能没有，不然我家孩子会自卑。"可是，轻易满足会让孩子沉迷于物质享受，且毫无耐性和吃苦精神。

5.生活懒散

家长纵容孩子懒散的生活习惯，孩子想怎样就怎样，想不吃饭就不吃饭，想不睡觉就不睡觉，想看电视就看电视，想吃零食就吃零食。久而久之，孩子就会变得不懂自我约束、不懂规矩。

6.包办代替

有些父母不舍得让孩子做事，理由是："我疼爱还来不及，还忍心让他做事？"有的父母说："孩子会做什么，还不如我帮他做了更省事。"在这种包办思想和行为下，有些孩子就会丧失独立性，上小学了还要让父母帮他穿衣服，而且在家里从来不做家务，一旦父母让他做家务，他就会产生抵触情绪、大吵大闹。

7.害怕哭闹

由于从小迁就孩子，孩子在不顺心的时候就以哭闹、撒泼、不吃饭等方式来要挟父母，父母见状，马上就投降认输，赶紧去哄孩子、满足孩子、迁就孩子。害怕孩子哭闹的父母是无能的，会在孩子性格中播下自私、任性和无情的种子。

了解了孩子为什么会"玻璃心"之后，我们更应该思考如何避免孩子"玻璃心"，来看以下几点建议：

1.学会放手，敢让孩子试错

进化心理学家哈瑟尔顿和列托曾说："人类是以不断犯错的方式，来适应世界的，不允许孩子试错，意味着在谋杀孩子的生命力。"家长要敢于让孩子去尝试、去犯错，还要鼓励孩子勇敢面对错误、承担做错事的后果，并从错误中吸取教训。这样孩子在面对风吹雨打的时候才不会被击垮。

2.给孩子空间，让他自己治愈自己

当看到孩子遇到困难、遭遇挫折后，家长可以适当去安慰、去鼓励，但千万不要代替孩子去解决问题。要给孩子一定的空间，让孩子去思考、去努力、去自己治愈自己。虽然这个自我治愈的过程比较痛苦，但是当孩子练就了这种能力后，再遇到困难时就可以勇敢面对了。

3.允许孩子去做选择、做决定

心理学认为，善于自己做决定的孩子在遇到困难或变化时，会主动寻找解决问题的办法，重新找回控制感。因此，关于孩子的事情，比如穿什么衣服、点什么菜、去哪里玩、玩什么项目等，家长不妨让孩子去做选择、做决定。只有当孩子亲身经历、体验过做选择、做决定的过程后，他才知道选择、决定背后的结果必须自己承担，才能在不断取舍中认清自己、提升自己。等到孩子长大后，面对需要自己做决定的事情时，他才不会茫然无措。

4.无论表扬还是批评都要适当

教育孩子要用好表扬与批评这两个武器，无论是表扬还是批评，都要把握好尺度，对就是对了，错就是错了。现在有些家长的教育方式很让人费解，看到孩子打哭了小伙伴，私下里会对孩子说："打得好，还是你有力气。"这种行为很让人费解，也会混淆孩子的是非观。

表扬孩子应该具体化，不要笼统地说："你真棒，真厉害。"而是应当这样说："你今天做了家务，真是个有家庭责任感的孩子。""你这次作文写得很好，说明你最近多看课外书是有效果的，希望你继续保持看课外书的习惯。"批评孩子要明确是非对错，告诉孩子："妈妈相信你是个很好的孩子，但这件事你这样做是不对的，希望你能够改正。"

总之，家长要相信孩子不是脆弱不堪的，他们有自我调整、自我治愈、自我成长的能力，但前提是家长要敢于放手，要多给孩子机会锻炼，让孩子能够承受生活的千锤百炼，这样孩子的内心才会变得更强大。

帮助孩子建立压力管理能力

很多父母认为，孩子能有什么压力？衣食住行有父母操心，孩子最多就是学习上有点儿压力而已，怎么也比不了成人要承担的压力。殊不知，相比于成年人，孩子承受的压力更大，因为成年人思想相对成熟，面对压力时可以找到有效的减压方法，或通过外界帮助，调整心态等来缓解压力，但孩子往往不具备这种能力。所以，我们经常看到小孩子哭闹、满地打滚、打人咬人等，看到青春期的孩子与父母争执、离家出走，甚至自残、轻生等，其实这些都是孩子在各种压力下的极端反应。

心理健康研究所儿童及青少年精神科副主任林俊光博士曾分享过这样一个案例：

有一次，女儿告诉林俊光，说她肚子疼，不想去上学。林俊光不太相信女儿，因为女儿看上去身体并没有生病，她也不是一个喜欢逃课的孩子。

林俊光思来想去不得其解，后来从妻子的手机信息上得知，女儿在学校受到了一些女孩的排挤。这一发现让他更加迷惑不解：为什么女儿要瞒着他？女儿还遇到了哪些他没意识到的问题？

林俊光努力思考："为什么女儿不想和我分享她的事情，难道是害怕我的反应吗？也许她还不明白将自己解决不了的问题告诉父母的重要性……"想到这里，他觉得有必要和女儿谈谈心，告诉女儿怎样面对压力以及遇到解决不了的问题时向父母求助的重要性。

一般来说，孩子面临的压力主要表现在与同龄人相处、学校生活、家庭生活、成长困扰等方面。比如，孩子去上学，要面对分离焦虑、被同龄人欺负、考试成绩不好等压力；在家里要面对父母之间吵架、被父母打骂等压力。此外，孩子还会遇到一些容易被大人忽视的压力，如经常做噩梦、被邻居恐吓等。所以说，孩子有压力是正常的。

无论是成年人还是孩子，压力都是无法回避的。然而，真正的问题不是压力本身，而是教孩子如何面对压力、管理压力、化解压力，避免过度的压力给孩子的身心带来伤害。那么该如何帮孩子去面对和管理压力呢？以下几点建议值得大家参考：

1.鼓励孩子说出压力

亲子沟通是帮孩子缓解压力的关键。为了避免孩子把压力压抑在心底，父母可以和孩子分享自己一天的生活，让亲子之间保持良好的沟通，这是孩子敞开心扉说出压力的重要一步。如果孩子拒绝沟通，父母与其感到沮丧，不如设身处地为孩子着想，给孩子一些时间敞开心扉。有时与孩子多一些相处的时间，比如某次饭后散步，和孩子谈谈心，将更有利于引导孩子说出自己的压力。

值得注意的是，父母要努力取得孩子的信任，这一点很重要。父母可以设法让亲子谈话保持私密性，而不要把与孩子的谈话分享给别人。这样孩子才会放心地向父母倾诉。此外，在孩子倾诉的时候，父母切忌打断或立即表示反对，要耐心倾听，做出适当的反应。这样孩子才不会害怕表达真实的想法和感受。

2.无条件地接纳和支持

每个家长都说自己是爱孩子的，然而有些父母在听到孩子说出压力时表现得不屑一顾，甚至嗤之以鼻，嘲笑孩子："多大点儿事啊？有什么好哭的？""这点儿事至于吗？真没用！"这种反应会极大地伤害孩子的自尊心，也会直接影响孩子对父母的信任。明智的做法是，无条件地接纳孩子的压力和痛苦，给孩子最需要的精神支持。这样可以让孩子感受到爱，从而正视各种压力，坦然面对压力。

3.做管理压力的好榜样

在日常生活中，父母如何面对和管理压力，如何表达负面情绪，将会直接影响孩子。如果父母缺乏积极乐观的生活态度和正面诠释压力、感知幸福的能力，或遇到挫折就一蹶不振，遇到不如意就消极抱怨的话，那么又如何给孩子传递正能量，又如何教孩子管理压力呢？

孩子是通过看父母怎么做来学习的，而不是听父母怎么说来成长的。所以，为人父母，要先学会管理好自己的压力，让自己保持愉悦的精神状态，给孩子积极的影响和正面的示范。当孩子遇到压力需要指导和帮助时，父母才可以现身说法，才有实操经验可谈。

4.避免给孩子制造压力

做父母的对孩子都有一定的期望和要求，这无可厚非，怕就怕对孩子期望过高、要求过严，这在无形中会增加孩子的压力。比如，对于孩子的学习成绩，切勿不切实际地提出高要求，否则孩子实力达不到，只能干着急。久而久之，孩子可能会放弃努力。因此，倒不如给孩子一个"跳一跳，够得着"的目标，这样更能激发孩子的进取心。

对于生活方面的习惯培养，也要避免要求过严。比如，父母希望孩子养成叠被子、收拾房间的习惯，孩子若能主动去叠被子、收拾房间，那就要肯定他，即便他叠不好，也不要横挑鼻子竖挑眼，以免打击孩子的积极性，给孩子带来压力和困扰。

另外，父母要注意避免拿别人家的孩子和自家孩子作比较，虽然很多时候父母只是想刺激一下孩子，激发一下孩子的斗志，但这种比较很容易伤害孩子的自尊心，让孩子觉得父母不爱自己，会给孩子带来心理压力。

6 种方法培养孩子的抗挫折能力

当今社会，不少孩子从小在爸爸妈妈、爷爷奶奶的精心呵护下成长，渐渐失去了独立面对困难、挫折和压力的能力，内心也变得脆弱而敏感。当在生活中遇到困难、打击或矛盾纠纷时，他们想的往往不是如何去面对、去解决，而是想着如何去逃避。有些孩子被父母骂几句、被老师批评几句、被同学嘲笑几句，可能就想不开，闹着离家出走，甚至萌生轻生念头，做出轻生举动，给家庭造成灾难性的打击，可叹可悲。

2018年6月，重庆考生小蔡因高考发挥失常，成绩与预想的相差甚远，无法接受现实，而选择自杀。

2019年4月，上海卢浦大桥上发生过这样一起惨案：一个孩子因在学校与同学发生矛盾而被母亲批评，母子二人开车回家途中，孩子因忍受不了母亲的持续批评，打开车门从卢浦大桥上跳下身亡。

2020年9月，武汉市一中学生因玩扑克被班主任喊家长，母亲到校后非常生气，对孩子又打又骂，孩子非常难堪。在母亲离开后仅两分钟，这个孩子爬上教学楼栏杆一跃而下。

……

近年来，类似的惨案不胜枚举。为什么孩子输不起、说不得、惹不起呢？归根结底还是因为他们从小缺乏挫折教育，缺乏抗挫能力、抗压能力和解决问题的能力，导致他们一遇到问题，就逃避退缩、心灰意冷，甚至只能用结束生命来一了百了。由此看出，培养孩子的抗挫能力、抗压能力刻不容缓。

怎样才能培养孩子的抗挫能力和抗压能力呢？以下几点建议值得参考：

1.培养孩子积极乐观的心态

人们常说："心态决定命运。"这是因为一个人的心态会决定人的行为，而行为又会影响事态的发展，最后一步步决定一个人走怎样的道路，过怎样的生活。因此，父母要注重培养孩子积极乐观的心态，告诉孩子"人生不如意之事十有八九"，尽早让孩子明白人生遇到各种困难和挫折都是难免的，不必为此大惊小怪，要死要活。

还要让孩子明白，"世界不是以你为中心的"，让孩子认识到宇宙的浩瀚无垠，大海的一望无际，草原的辽阔无边，以及他自己的渺小，当孩子格局变大时，他就不会那么脆弱敏感、那么爱钻牛角尖了，遇到挫折时，也容易看得开些。

还要告诉孩子"金无足赤，人无完人"，让孩子认识到不完美才是常态，不必对自己要求过高、要求过严，不必期望把事情做得太完美，这样可以减少自己给自己制造的压力，从而避免不必要的心理负担。

另外，还要让孩子明白很多时候困难并不可怕，可怕的是自己吓唬自己、自己给自己设限，只要大胆去面对，就会发现困难其实都是纸老虎。有了这样的心态和勇气，就算没有解决困难，起码也会少点儿遗憾、问心无愧。

2.培养孩子自主生活的能力

培养孩子的抗挫能力、抗压能力要从生活的点滴开始，要从基本的生活自理能力开始。这要求在孩子的成长过程中，父母不能对孩子有求必应，不能包办孩子生活中的一切，而要多鼓励孩子去做力所能及的事，比如收拾玩具、刷牙、洗脸、穿衣服、整理房间，等等。当孩子能够这样去做时，父母应及时肯定孩子，帮孩子建立自信，激发孩子做事的积极性。

父母还可以让孩子体验一下难度稍大的家务，比如，洗菜、炒菜、做饭等，可以在做好保护措施的基础上让孩子去动手，或让孩子做难度低的事情，比如让孩子做个凉拌菜、做个简单的小炒等，切忌总是对孩子说："你还太小""容易切着手""小心烫着"等等，以免打击孩子的热情和积极性。

3.为孩子设计"可战胜的困难"

在孩子成长的过程中，父母要根据孩子的年龄与性格特点，主动给孩子设计一些"可战胜的困难"，比如教孩子骑自行车、滑旱冰，或培养孩子按时起床的习惯、收拾房间的习惯等，先让孩子吃苦、受累、跌倒，再激励孩子去坚持，去战胜困难，去达成目标，最后让孩子感受成功的喜悦，尝到成功的甜头，从而培养孩子的自信心、磨炼孩子的意志力。最终，孩子的抗挫折能力也会越来越强。

需要注意的是，给孩子设计"可战胜的困难"应该从易到难，循序渐进，切不可一开始就给孩子一个难度很大的目标，以免击垮孩子的自信心。

4.不要太在乎孩子的情绪

当孩子遇到困难与障碍，产生委屈、难过等不良情绪时，父母最初可以不加理会，切莫见孩子遇到困难就去帮忙，这样只会助长孩子的依赖之心，而要放手让孩子去体验，然后自己振作起来。当然，如果孩子情绪反应过度，父母要及时给予温情的鼓励和必要的心理支持，帮孩子尽快摆脱失望、伤心等不良情绪，重新建立起自信心。比如，用自己过往的经历或名人的案例来安慰孩子："别灰心，你比妈妈当年学得快多了""爱迪生发明电灯也失败了无数次"，并引导孩子正视困难，帮孩子调整心态。

5.给孩子创造情绪宣泄的机会

人在遭遇困难和挫折时，往往会产生五种常见的反应，即冲动、攻击、压抑、固执与退缩，孩子也不例外。当孩子出现这些负面情绪时，说教与劝导并不是最好的办法，简单粗暴地给孩子贴上"软弱""固执"等标签更不可取。最好的办法是，创造一些情绪宣泄的机会，比如陪孩子来一场挥汗如雨的运动，陪孩子打游戏，带孩子去看电影，或带孩子去游乐场疯玩，让孩子感受父母的陪伴与关爱，鼓励孩子发泄内心的负面情绪，从而释放其内心的压力。

6.帮助孩子拓展社交范围

研究发现，长期缺乏社交的孩子，更容易出现偏激、孤僻、情感脆弱等特点。这提醒家长们，要有意识地拓展孩子的社交范围，让孩子有机会接触更多的人，和更多的人打交道。比如，带孩子参加志愿者活动或社区服务活动，陪孩子参加公众表演，和孩子一起举办家庭聚会，鼓励孩子邀请同龄人来玩，让孩子有机会和不同的人打交道。这对培养孩子良好的品格和抗挫折能力意义非凡。

适度的压力可以让孩子更有韧性

与那些"望子成龙""望女成凤"的父母不同，有些父母在教育孩子的过程中，总想着让孩子轻松舒服，不想给孩子压力，不愿意让孩子吃苦受累，甚至对孩子不提任何要求。殊不知，过于宽松的教育和过于严厉的教育方式一样，很难培养出优秀的孩子。

不管是非洲大草原上的羚羊，还是汪洋大海里的鲨鱼，都需要适当的压力才能健康地活着。在草原上，羚羊必须跑起来，跑得比狮子还快，才不会被吃掉。在不断奔跑的过程中，它们变得更加强健。在海洋里，鲨鱼必须快速地游，游得比其他鱼类更快，才不会饿肚子。正是在压力的逼迫下，各种生物才变得更强大。

俗话说："井无压力不出水，人无压力难成器。"压力能激发人的斗志，从而使人超越自我，不断成长。而没有压力的孩子，将来往往一事无成，人生价值也难以得到更好的体现。当今社会竞争激烈，孩子将来必定会遇到来自内部和外部的各种压力。因此，家长有必要从现在开始，给孩子恰当的期望，给孩子适当的压力，有意识地培养孩子的抗压能力，培养孩子强大的内心。

教育心理学的一项研究显示，适度的压力能增强孩子的韧性，而韧性是决定一个人能否成功的重要特质。给孩子适当的压力，既是父母对孩子价值的肯定，也是帮孩子建立自信心的有效方式，还是培养孩子意志、品格的重要途径，对挖掘孩子的潜能也大有益处。

那么，给孩子适度的压力，父母需要注意什么呢？

1.父母要给孩子合理的期望

父母对孩子的期望值是孩子压力的重要来源之一。对孩子期望值过高或过低，都有可能毁掉孩子。这是因为对孩子期望值过高，孩子再怎么努力都无法达到父母的期望，便会产生失望情绪，最后干脆放弃努力；对孩子期望值过低，会造成孩子自我认同感和自尊心低下，认为"我就只有这样的能力"，由此造成孩子自我怀疑，放低对自己的要求，缺乏上进心，甚至自暴自弃。唯有对孩子保持合理的期望值，才能既让孩子有压力，又不至于背负心理包袱。

就像摘桃子，不用跳起来就能摘到，使人觉得毫无挑战性，从而失去动力，而再怎么跳也摘不到桃子，会让人失望，最后放弃努力。只有努力起跳就能摘到桃子，才能激励人们继续跳起来摘桃子。

由于每个孩子的能力不同，父母在给孩子期望的时候，要结合孩子的具体情况来定，最好的期望值是让孩子稍加努力后就能实现。还要把长期期望和短期期望结合起来，短期期望就是短时间内根据孩子上次或前一阶段的表现，提出合理的期望。当孩子达到目标后，父母要表现出无比的兴奋与赞赏之情，并结合实际情况给孩子一定的奖励，同时与孩子探讨下一步的努力方向。而长期期望可以根据孩子的理想加以适当引导，将其分解到无数个短期的期望当中，孩子每向前前进一步就予以鼓励。这样孩子会收获许多成功，对未来也会更有信心。

2.给孩子与压力相对应的支持

很多时候，孩子能承受多大的压力与父母给孩子多大的支持密切相关。一个孩子在没有压力也没有父母支持的环境下难以成才，这是因为没有压力使他前进，也没有相应手段对他进行塑造，他的潜能就很难得到发挥。如果孩子承受的是高压，却没有得到足够的支持，他就会陷入孤军奋战，也是难以成功的。而如果孩子几乎不用承受什么压力，得到的却是巨大的支持，这样缺乏挑战性，孩子也是难以成才的。

唯有给孩子与压力相对应的支持，才能既让孩子充满挑战的信心和勇气，又能得到必要的指导和帮助，这种合力使孩子更容易取得成功。给孩子的支持通常表现在两个方面，一方面是父母要时刻关注孩子取得的进步，善于肯定、赞美孩子，以激励孩子全力以赴，并引爆孩子的潜能。二是当孩子遭遇挫折与失败时，要与孩子一起面对，帮孩子分析失败的原因，指导孩子调整方法，鼓励孩子继续努力。

3.适度的压力建立在要求一致上

教育心理学研究显示，父母前后不一致的态度是孩子不健康压力的重要来源。例如，孩子功课没有做完就看电视，父母心情好的时候对此不予管教，甚至笑着说："没事儿，看完电视再写作业也可以。"而当父母心情不好时，却是截然不同的反应，"谁叫你看电视的，作业做完了吗？赶紧去做作业。"这种不一致的处理方式会给孩子带来不健康的压力，让孩子感到无所适从、没有安全感，不但无法培养孩子的韧性，反而会对孩子造成心理伤害。如果孩子每次功课没做完，父母都用严厉但不失控的态度纠正，孩子就会从中感受到适当的压力，从而养成良好的习惯，形成良好的韧性。

4.别把压力和心理虐待混为一谈

父母给孩子适当的压力是有必要的，但要注意的是，别把这种压力和心理虐待混为一谈。生活中，有些父母为了给孩子压力，以刺激孩子努力，会采用讽刺挖苦、威胁恐吓、不理不睬等方式对待孩子，这根本不是给孩子健康的压力，而是在对孩子进行心理虐待，会给孩子造成难以愈合的心理创伤。久而久之，孩子就会变得自卑、焦虑、压抑，不仅不利于学习，还容易造成人格缺陷。因此，父母要认识到健康的压力来自于给孩子恰当的目标和合理的期望，绝不是心理虐待。

必要时可以向专业机构求助

说到看心理医生，人们通常有一个误解，认为看心理医生的人都是"精神有问题的人"。由于存在这种偏见，导致很多人不敢轻易去看心理医生，甚至排斥看心理医生，因为他们害怕传出去周围人会用异样的眼光看自己。

实际上，心理医生和医院里的内外科医生没有什么不同，都是为了治病救人。而人除了身体上生病，精神上、心理上、情绪上也难免会遇到困扰，遇到困扰的时候向心理医生求助是很正常的。

排除了这种心理困扰后，父母如果发现孩子出现长时间无法改善的心理问题，不妨带孩子向专业的机构求助，让专家帮忙找到改善孩子心理问题的方法。这样肯定比自己盲目指导孩子更有效果。

朱女士发现，上小学一年级的菲菲有一段时间行为怪异，在问了身边家庭教育经验丰富的朋友，查看了相关资料后，仍没有找到问题的原因。于是，她决定带菲菲去专业机构做检查。经临床诊断，医生给出的诊断结论是，菲菲患有抽动秽语综合征。

在办理完相关手续后，医生要求菲菲父母也做一下心理诊断，目的是通过解决和排除由家长心理问题引发孩子心理问题的情况。朱女士和丈夫配合做完检查后，心理医生发现朱女士的心理问题比较突出，通过诊断和分析，最终查到了菲菲症状的本源及形成过程，最后给出具体的治疗方案。一个月后，菲菲康复。

这个案例告诉我们，必要时可以向专业的机构求助。至于到底需不需要心理医生介入，我们可以先客观地整理孩子的一些异常迹象，再跟心理医生沟通，然后确定是否需要带孩子看心理医生。具体而言，可以根据以下几种情况来确定：

情况1：孩子有着明显与平常不符的情绪和言行时，应该带孩子去看心理医生。

比如，孩子近期总是害怕一些并不可怕的事物，如害怕光、害怕雨、害怕花、害怕水、害怕笔、害怕看人等，或特别喜欢钻牛角尖，情绪特别敏感等。

情况2：孩子出现一些奇怪的疾病时，应该带孩子去看心理医生。

比如，孩子近期总是睡眠不好，失眠、做噩梦甚至梦游；因精神受刺激，出现失明或聋哑等症状，且在医院相应的科室查不出病因；

出现奇怪的疼痛，或肠胃不舒服等，但检查却发现身体没毛病。

情况3：出现强烈的心理冲突且难以调整，应该带孩子去看心理医生。

例如，孩子近期总是出现一些情绪冲突、情绪低落的情况，或突然变得胆小，害怕受到惊吓时，应该带去看心理医生。

情况4：情绪极差，难以自拔时，应该带孩子去看心理医生。

例如，孩子的人际关系出现了较大问题，导致出现过度的抑郁或长期抑郁，对人际交往感到过度紧张焦虑，应该带去看心理医生。

当你决定带孩子去看心理医生时，你最好先跟孩子商量，让孩子知道什么是心理医生，为什么要看心理医生，你可以分析孩子当前的状态，让孩子从心理上认识到父母是在真心帮他。比如，对孩子说："爸爸妈妈很爱你，希望你身心健康，每天都幸福快乐，你现在的状况让我们很担心，也许是我们对你的教育方法出了问题，我们一起和专家聊聊好吗？"

在劝孩子去看心理医生时，一定要强调"是家长的教育方法出了问题"，而不要提及"孩子心理有病"。让孩子知道，和专家聊的目的是让父母改变教育方法，让亲子关系变得更好，让孩子更幸福、更快乐地成长。这样孩子往往不会产生抗拒情绪。而且实际上，很多时候孩子出现心理问题，追根溯源的确是父母的教育方法有问题，或父母的心理有问题，或父母的关系出了问题。因此，带孩子去看心理医生，不只是帮孩子，也是在帮父母。

广州某中学有一个男孩中考前突然出现严重的厌学情绪，成绩急速下降，情绪变得暴躁，与父母关系也愈发恶劣。父母想尽各种办法都没能改变他的这种状态，于是带孩子去看心理医生。心理医生在与孩子进行了一番深入沟通后得知，原来孩子的变化与近期父母之间夫妻关系恶化直接相关。

心理医生从男孩那里得知：最近妈妈发现爸爸有外遇，整天跟爸爸吵架，爸爸虽然道歉了，在家里也表现得很勤快，做饭、洗碗、打扫卫生什么都干，还给妈妈买礼物，但仍然得不到妈妈的原谅。这让爸爸很懊悔，整天酗酒，经常醉醺醺地回家，还吐得满地脏兮兮，把家里搞得一团糟……

随后，心理医生与孩子父母进行了对话，通过对问题前因后果的深入剖析，男孩父母意识到夫妻关系对孩子身心健康的重要影响。最终，男孩妈妈决定放下怨恨，男孩爸爸决定改过自新，重新经营婚姻生活。一段时间以后，令父母非常欣喜的情况出现了，男孩顺利考上了当地重点高中，而且整个人精神面貌与之前大不一样。

后来，心理医生问男孩："是什么让你做出改变的？"

男孩说："因为我现在感受到我爸爸妈妈越来越相爱了，以前他们总是吵架，争论不休，我觉得家里一点都不温暖，我不想回家，不想上学。现在每次回家我都能感觉到爸爸妈妈的关系越来越好，爸爸会给妈妈送花，妈妈会做爸爸爱吃的菜，家里的气氛越来越好了。我越来越喜欢回家了，越来越觉得生活美好了！"

　　试问，如果男孩父母不是带孩子求助心理医生，而是去医院给孩子做普通检查，能查出问题的症结吗？答案显而易见。由此可见，发现孩子有心理问题时，家长有必要向专业的心理机构求助。

　　最后要提醒家长：如果没办法说服孩子去看心理医生，最好不要强求，因为强求孩子去接受心理咨询，是不可能收到满意效果的。家长不妨先到心理医生那里，给医生提供足够的信息，以便心理医生对孩子的情况有个大致了解，初步分析孩子的状况及形成的原因，然后再给家长提供有效的教育策略。

第 5 章
不打不骂——孩子不听话，可以这样教

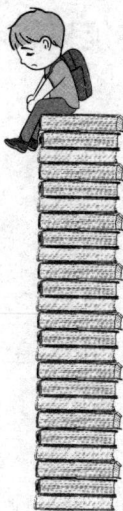

孩子不听话怎么办？对于这种情况，很多家长要么唠唠叨叨，要么对孩子大吼大叫，要么对孩子拳打脚踢，可这些方法除了能够让家长发泄一时的愤怒，让孩子迫于压力暂时就范之外，并不能从根本上解决问题。其实，想要让孩子听话，最高明的办法就是学会和孩子沟通，只要沟通到位，孩子就会听话、配合。

你可以表达愤怒，但不能愤怒地表达

经常听到家长们抱怨："孩子简直就是老天爷派来跟我作对的，没有一天让我省心。"当家长被逼急了时，当负面情绪积攒到一定程度再也无法克制时，一场"狂风暴雨"也就在所难免了。于是，我们总能看到家长对孩子大呼小叫、辱骂抨击，甚至大打出手。在家长看来，好像不愤怒就无法触动孩子一样。可是，这种失去理智的教育方式，真的有效吗？

当愤怒发泄完毕，看着孩子面露胆怯、羞愧地低着头，眼里含着泪花时，家长会本能地感到自责，深知孩子小小年纪不该受到这种对待，可后悔也为时已晚。因为愤怒情绪对孩子已经造成伤害，但孩子的不良行为却未得到纠正。如果不想类似的情景再次上演，家长就必须改变教育方式。

有句话说得好："你可以表达愤怒，但不能愤怒地表达。"作为家长，即使内心再愤怒，也要注意自己的表达方式。对待孩子可以和风细雨、就事论事地批评，引导孩子认识自身错误的行为，但不能狂风骤雨般地进行讽刺、谩骂、人身攻击。合理而真诚地表达愤怒，才容易得到孩子的理解和认同，才有助于培养孩子良好的行为习惯。

11岁的欢欢有个非常不好的习惯，他经常把用过的东西、穿过的衣服乱丢乱放，等到需要时又找不到，经常急得直跺脚。对此，妈妈没少对他发火，可他总是不以为然。这天中午放学回家，他又急得大叫："我的球衣怎么没有了？我下午怎么去踢足球啊！"

听到这话，妈妈马上明白了是怎么回事，肯定是欢欢又找不到球衣了。但那天妈妈不想唠叨，也不想发脾气了，只是严肃地对欢欢说："知道吗？听到你说没有球衣，我真的很生气，我至少给你买过3套球衣。如果每次洗干净的球衣你都能叠好放在衣柜里，而不是到处乱扔，那么当你需要的时候，你就知道该去哪儿找了。"

妈妈的态度让欢欢感到很意外，他不好意思地说："妈妈，我知道错了，我以后要改掉乱丢东西的坏习惯。"听到儿子说出这句话，妈妈也感到不可思议，要知道以前儿子每次听到她的批评都会一脸的不耐烦，还找各种理由为自己开脱。

在教育孩子时，父母愤怒地表达可以起到一定的作用，甚至在某些时候，父母不生气反而会给孩子留下漠不关心的感觉。但这并不等于说孩子能够经受住愤怒和暴力，只是说父母的愤怒表达能够让孩子更深刻地意识到自己的错误。但这不是鼓励父母向孩子发泄愤怒情绪，因为发泄这种情绪的代价很高，而且用得越多，孩子对它产生的"免疫力"越强。所以，聪明的父母不会轻易愤怒地表达，而是会合理地表达愤怒。

在上面的案例中，妈妈没有唠叨，没有翻旧账，更没有责骂儿子，她只是表达了自己生气的心情，以及建议孩子以后该怎么做。结果表明，这一招收到了很好的效果。所以，在这里提醒广大家长，当你面对不听话的孩子时，可以表达愤怒，但不能愤怒地表达。

需要注意的是，在表达愤怒时可采取以下步骤：

第1步：要懂得克制

作为家长，当孩子的行为激怒你时，你首先要控制好愤怒的情绪。这就是我们常说的"要懂得克制"，克制是为了避免情绪激动，当场爆发出不理智的言语。因为人在愤怒的时候思维是混乱的，无论是破口大骂还是大打出手，最后都很难收场，这对亲子关系和孩子的心理健康都十分不利。明智的做法莫过于"让怒气先飞一会儿"，让自己先冷静下来，暂缓处理孩子的问题，给自己预留一些反省问题根源、整理思路、组织语言的时间。

第2步：给愤怒明确的定义

这一步要做的是对你的愤怒进行明确定义，你可以用第一人称代词"我"来描述自己的心情，比如："你这样做我很生气！""你的行为让我觉得讨厌。""我觉得被激怒了。"说这些话的时候，你可以配合着黑脸,以求更真实地再现你的愤怒情绪。

第3步:强化你愤怒的程度

如果给愤怒明确的定义不奏效,你还可以采取第3步,通过恰当使用形容词来强化愤怒的程度,比如,"我气急了。""我现在非常非常生气。""我希望你马上回到自己房间,我不想再看到你。"说这些话的时候你可以怒目圆睁,提高音量,压低音调,放慢语速,让孩子真切地感受到你的怒火中烧,从而意识到问题的严重性。

第4步:解释原因,表明期望

当你第3步的表现把孩子震慑住后,你可以短暂沉默,沉默的过程既是为了给孩子反省的空间,也是为了接下来更好地组织语言去解释你为何愤怒,以及你内心的真实感受和对孩子的期望。例如:

"当我看到你把衣服扔得满地都是时,我真想打开窗户,把一堆乱七八糟的衣服扔出去,希望你以后不要让我再看到这个场景。""看到你打妹妹,我真的很生气,心里就像有一团火在烧,我警告你:下次你再伤害她,我肯定对你不客气。""我辛苦做了一大桌菜,叫你吃饭你却磨磨蹭蹭,这让我非常生气,下次就不再等你吃饭了。"

正确地表达愤怒,目的是通过愤怒清楚明了地传达自己的态度和想法,同时又避免过犹不及,对孩子造成不良影响。而且这个做法还能潜移默化地教会孩子如何正确地表达愤怒,孩子可以从你的表现中明白:愤怒不是什么洪水猛兽,完全可以安全地释放出来,而不会伤害任何人。

孩子犯错后最需要的不是惩罚，而是承担

当孩子淘气不听话、屡教不改而犯错时，很多家长首先想到的是惩罚、体罚孩子，还美其名曰"让孩子长记性"，实际上不过是为了发泄自己心中的怒气。看着孩子被惩罚后变得乖巧听话，家长往往自鸣得意。殊不知，孩子犯错后最需要的并不是惩罚，因为惩罚对孩子的成长是非常不利的。

首先，惩罚容易对孩子造成心理伤害。

说到惩罚，很多家长往往采取的是非打即骂的暴力体罚方式，还伴随着情绪失控和不理智的威胁，这会让孩子感到恐惧，造成孩子情绪压抑。有时候孩子犯的错并不严重，也认识到了错误，但家长盲目惩罚，反而会激起孩子的逆反情绪，导致孩子口服心不服，甚至故意对着干。结果，家长越惩罚孩子，孩子越叛逆。另外，家长经常惩罚

孩子，孩子内心充满自责，会认为"我很差""我不好""父母不爱我"，这会导致孩子价值感降低，渐渐形成自卑的性格。

其次，惩罚容易破坏亲子感情。

孩子都是很爱父母的，他们把父母作为最大的依靠，作为心灵的港湾，他们在外面受委屈、受伤了会到父母的怀里寻求安慰。当有一天孩子犯错了，父母惩罚孩子一顿时，孩子对父母的依恋感、亲近感就会减弱。特别是青春期早期的孩子，由于自尊心强、渴望独立且认为自己是大人了，如果被父母惩罚，他们就会觉得自尊心很受伤，更容易与父母产生隔阂。这样一来，原本融洽的亲子关系就会变得有些生疏。作为父母，如果你认为这是孩子怕你的表现，那就错了，其实是孩子疏远了你。

再者，惩罚并不能从根本上解决问题。

我们知道，孩子的成长过程是一个不断犯错、不断改错的过程。犯错并不是不可原谅的，犯错之后的关键在于家长正确引导，让孩子认识到错误，积极地改正错误。就算同样的错误一而再，再而三地犯，只要孩子犯错后认错态度好，并努力去改正，这就值得肯定，何必用惩罚的方式打击孩子改错的积极性呢？

事实上，在孩子犯错之后，家长人为地惩罚孩子，不如让孩子承担错误行为的自然后果。这样不仅有利于孩子快速改正错误，还能让孩子养成为自己的行为负责的习惯，也能变得更有担当。下面我们通过两个案例，对比一下惩罚孩子与让孩子承担错误造成的后果，这两者之间到底有怎样不同的结果。

（一）

一天的工作结束后，妈妈回家为一家人做好了饭菜，可孩子似乎不饿，只想看电视，不想吃饭。妈妈多次提醒孩子要赶紧吃饭，不然等会儿饭菜凉了就不好吃了，可孩子就是不听。最后，妈妈连哄带威胁，孩子才勉强答应吃饭，可吃饭的时候却不耐烦地敲碗筷，还把不喜欢吃的饭菜丢在地上。

人为惩罚的做法：

妈妈忍不住发火了，大声呵斥孩子把地上的菜捡起来，把地板擦干净。可是孩子不以为然，继续漫不经心，不好好吃饭。于是妈妈罚站孩子30分钟，孩子哭闹着不干，最后闹得全家人都没心情吃饭。

为什么惩罚无效呢？因为惩罚给孩子传递的信息是："为什么明明我不饿，妈妈却偏要逼我吃饭？为什么我想看电视，妈妈却偏要阻止我？"孩子会觉得妈妈根本不理解他，罚站除了让他委屈，就是生气。所以，他全程对抗。

承担后果的做法：

1.说明规矩

告诉孩子："一日三餐都有相对固定的时间，如果你确实不饿，你可以不吃，但错过了晚餐，等会儿你肚子饿了，大家不会给你单独加餐，也不会给你准备零食。"

2.提供选择

告诉孩子："你是选择现在吃饭，确保半夜不饿肚子，还是不吃饭，半夜饿着肚子熬到明天早上呢？"

3.让孩子承担后果

如果孩子选择不吃饭，那么半夜当孩子饿肚子时，无论孩子怎么哀求，怎么哭闹，家长千万不要心软，不要害怕孩子饿坏了。因为饿一顿不会对孩子的身体造成什么不良影响，但却足以让孩子认识到不按时吃饭的后果，孩子恐怕下次再也不敢不按时吃饭了。

（二）

有个孩子粗心大意，经常丢三落四，上学或放学的时候不是忘了带文具盒，就是忘了带作业本，让家人操碎了心。家长多次提醒、反复强调，让孩子每天放学、上学时要检查书桌和书包，把该带的东西带好，可孩子总是当作耳旁风。最近一次孩子参加一个展览会，但到了现场才发现门票没带，结果钱花了，展览却没看成。

人为惩罚的做法：

妈妈一气之下，对孩子发火说："你真是猪脑子，去参加展览不知道带门票吗？真是气死我了，以后这类活动我再也不给你买票了，而且下个月我不会给你零花钱，这就是对你的惩罚。"结果，孩子觉得妈妈太小气，一点都不爱自己，居然为了门票的钱和自己发这么大的火，而意识不到问题的根源在于自己粗心大意，出门忘了带门票。

承担后果的做法：

1.就事论事

告诉孩子："今天你没能参加展览会，是因为你忘了带门票，之所以忘记带门票，是因为你粗心大意导致的，希望你以此为戒，今后注意避免这类问题。"这样孩子更容易认识到自己的错误。

2.引导孩子想办法

针对忘记门票的事，家长可以引导孩子想办法："当你发现门票没带时，你有没有想过解决办法呢？比如，现场再买一张门票，如果没带钱，可以向同学借钱，以后攒了钱再还给同学。"鼓励孩子尝试自己想办法解决问题、弥补过错带来的后果。

3.让孩子承担后果

告诉孩子："你因粗心大意未能参加展览会，这叫自食其果。如果你还想去参加展览会，妈妈可以给你钱买门票，但这个门票钱你必须还给我。比如，你可以攒零花钱来还。"这样可以让孩子明白，父母是支持他参加活动的，但是他必须为自己的行为负责。

没有经过叛逆的孩子不可能真正长大

"孩子突然像变了个人一样，什么事都爱对着干，真难管！"这是诸多家长对孩子叛逆的共鸣，这一现象经常出现在孩子10~12岁，即青春期早期。这一时期的孩子正处于心理过渡期，自我意识和独立意识显著增强，迫切希望摆脱大人的管教和监护。他们讨厌父母把自己当成小孩，喜欢以成人自居。为了表现自我"非凡"，他们习惯于对周围事物保持批判的态度，从而确立自我与外界的平等地位。

如今，由于孩子在升学、人际关系等方面的压力比以往更大，所处的环境比以往更复杂，他们的叛逆期可能比以往出现得更早。虽说叛逆是孩子成长过程中常见的表现，但却被很多家长视为"反抗""挑衅"，这成了孩子不听话、不服管的代名词，而有些孩子十几岁了依然乖巧听话，没有叛逆的迹象，却让父母引以为傲。

其实，没有叛逆迹象并不代表孩子没有叛逆，而是意味着叛逆期滞后了。那些看似不叛逆的孩子，往往始终生活在父母的掌控下，这会严重影响孩子的身心健康发展。没有经历过叛逆是一种成长缺陷，这类孩子不可能真正长大。他们将来在人际交往、工作、恋爱婚姻中可能会与父母发生更激烈的冲突，只是很少有人会把这种问题与青少年时的叛逆联系起来，但它本质上是对青春期不叛逆的一种"心理补偿"。

有个孩子从小到大都非常懂事听话，但27岁时因为婚姻的事情与父母产生了巨大分歧，并在随后的3年时间里一直和父母对峙，最后父母只好做出让步。试问，这个孩子最终"胜利"了吗？当然没有，他本该在青少年时期毫无顾忌地表达自己，就算错了也没关系，但他的叛逆期却推迟到了二十七八岁，在人生大事上爆发，这不仅严重影响他和父母的关系，还让他白白耽误了人生中最美好的时光，这显然是一笔巨大的损失。

事实上，从孩子成长的整个过程来看，叛逆是好事。首先，叛逆是孩子有想法、有主见、渴望独立和掌控自己的表现，叛逆的孩子在思维认知方面会更成熟，也会更有魄力和担当，这是孩子成长的表现。

其次，叛逆是孩子自我同一性发展的需要，是孩子探索自我、建立自我同一性的有效途径。有些孩子一直很乖，不叛逆，不惹事，不敢提出不同想法，这种现象在心理学上叫"同一性早闭"，这样的孩子长大后往往缺乏主见，容易盲从，不敢尝试，无法应对外界的变化和挑战。当遇到挫折时，他们容易丧失目标和信心，从而变得消沉。

反之，自我同一性发展得好的孩子，就会很有主见和想法，敢于尝试，能够很好地适应外界的变化。遇到挫折时，也会保持信心，积极接受挑战。

再者，叛逆是孩子发泄不良情绪的有效途径。青春期早期的孩子不但要面对学业压力，还要面对人际交往和生理变化带来的烦恼，同时还会在自我同一性探索的过程中经历自我怀疑、角色认知困惑等，这都会加剧他们的情绪问题，而通过叛逆可以有效地释放不良情绪，避免负能量积压于内心，有利于心理健康。

所以，家长要正确对待孩子叛逆的言行，及时调整教养方式，因势利导，促其成长。那么，面对叛逆的孩子，家长要注意什么呢？

1.大胆肯定孩子的叛逆言行

当孩子出现叛逆言行时，如不配合、不听话、犟嘴、有不同的想法、想尝试新鲜事物等，家长千万不要认为孩子是在挑战自己的权威，而要认识到这是孩子认知能力提高、自我同一性发展的结果，是孩子成长的表现，是一件好事情，至少是好的开始。这时家长可以适当肯定孩子："虽然你不肯听我的话，但你的想法我觉得也有道理，你可以试一试！""你有不同的想法是好事，你可以按你的想法去做，如果行不通，不妨考虑一下我的建议。"这比直接否定、打压孩子的想法有效得多，也更容易得到孩子的认同，缓和孩子的叛逆情绪。

2.调整教养角色和教养方式

叛逆意味着孩子长大了，家长不能再把孩子当成小孩子了，而应该调整自己的角色,从原来起主导作用的教育者变为陪伴、支持孩子成长的陪伴者。陪伴就意味着不再处处管教、时时掌控孩子,而是帮助、引导孩子,意味着和孩子保持近乎平等的关系。

有两个家庭去野外露营,孩子分别向父母提出不同的行走路线,孩子甲的父亲说:"咋啦,不相信我选的路线?你选的那条路线太危险,你不能去。"孩子乙的父亲却说:"那条线路看似风景迷人,但由于走的人比较少,可能不太好走,你真的想好了吗?如果想好了,我陪你走那条路!"

谁知,结果却恰恰相反。孩子甲坚持走自己选的路线,还和父母闹得不愉快,露营也变了味。孩子乙反而听取了父亲的建议,按照父亲的路线前往露营地点,一路上一家人欢声笑语不断。

在这个案例中,面对叛逆期的孩子,家长越是阻止、打压,试图控制孩子,往往越难奏效。反之,越是认可、支持,给孩子尝试的机会,越容易赢得孩子的配合。可见,以陪伴者的角色来引导孩子有多么重要。因为叛逆中的孩子正处于挣扎着长大的阶段,他们既渴望独立,又感到迷茫,他们既想摆脱对父母的依赖,又渴望父母对自己的角色认同。所以,家长要明白一个事实真相:孩子并不是故意叛逆,而是渴望长大、渴望做自己。

3.针对不同的叛逆对症下药

孩子的叛逆主要有以下三种类型:

暴躁型——对家长的要求反抗强烈，动不动就发脾气，喜欢跟家长吵架；

沉默型——不愿意沟通，态度冷漠，对父母的话反应冷淡甚至不予理睬；

言行不一型——嘴上很听话，大人说什么他都没意见，行为却相反，我行我素。

对于以上三种主要的叛逆行为，家长可以采取不同的应对方式：

对待暴躁型叛逆的孩子，学会避其锋芒，切忌硬碰硬；

对待沉默型叛逆的孩子，要多一点儿耐心引导，多聊孩子感兴趣的话题；

对待言行不一型叛逆的孩子，要跟孩子强调说话算数，并在生活中多给孩子一些关爱，让孩子感受到你的真诚。

耐心倾听，做孩子的"情绪垃圾桶"

　　每一个孩子在成长过程中都难免会有一些负面情绪或负能量。可是很多家长总是觉得"小孩子哪有什么烦心事"，因此不把孩子的负面情绪放在心上，也不能及时地进行疏导，或在孩子诉说苦闷的时候，家长反应冷淡、敷衍应答，或粗暴打断、自说自话，这样会让孩子更受伤。

　　9岁的男孩明轩，在原本应该快乐无忧的年纪，却有三次离家出走的经历。爸爸妈妈都说他太任性，但班主任老师却不这么认为。据班主任老师了解，明轩和妈妈的关系不是很好，两人几乎到了无话可说的地步。明轩告诉老师，妈妈经常不听他把话说完就打断他，经常说他"每天哪来的那么多事儿"。

　　有一次，明轩在学校被欺负了，回到家他跟妈妈说起这件事，妈妈还没了解事情的原委，就批评他："你整天调皮捣蛋，肯定是你先欺负人家的，难怪被人打。"听到这句话，明轩很受伤，他觉得连妈妈都不在乎他的感受，在这个家待着还有什么意思，于是一气之下跑出了家门。

还有一次，因为考试成绩不理想，明轩回家跟妈妈说了句："学习好累啊，真不想上学了……"妈妈马上劈头盖脸地训斥了他一顿："我和你爸辛辛苦苦赚钱养家，供你上学，哪一点儿亏待你了，你就这样回报我们吗？"

久而久之，明轩的负面情绪得不到宣泄，在心中越积越多，他也慢慢由原来的活泼开朗变得沉默寡言。

很多家长一边抱怨孩子不听话，总跟自己对着干，一边又不愿意去了解孩子为什么这样做，或一边抱怨孩子有心事不跟自己说，一边又不懂得倾听孩子的诉说。这样不是很矛盾、很可笑吗？其实，想要化解这两个矛盾并不难，只需重视倾听孩子的诉说，了解孩子的想法，及时疏导孩子的负面情绪即可。

要知道，负面情绪是一种负能量，不会自动消失，积压在心里久了，总有一天会爆发。与其等到有一天孩子的负面情绪以一种破坏性的方式爆发，不如在平时做好孩子的情绪疏导工作。我们可以通过耐心倾听，做孩子的"情绪垃圾桶"，让孩子及时释放不良情绪，从而健康快乐成长。

那么，家长在听孩子讲话时要注意什么呢？

1.听孩子讲话时，不要急于打断和评判

孩子开口表达时，就是家长倾听的契机，但要注意的是，千万不要在尚未听完孩子的话时，就想当然地打断孩子、评判孩子。比如，当孩子衣衫不整、浑身是土，甚至带着一脸伤痕的样子回到家，跟父母说"今天我和同学……"时，父母却用质问的口气打断孩子："是不是跟同学打架了？你能不能让我省点儿心？"

再看看那些懂得倾听孩子的家长是怎么做的，他们会按捺住急于了解事情原委的心情，听孩子慢慢把话说完。也许等孩子把话说完以后，家长可能就会发现：原来孩子搞成这样是因为参加了学校组织的一场摔跤比赛。

对比两种家长，我们会发现：前一种家长在心中已经认定了孩子是怎样的人，所以他们懒得再去听孩子解释，见孩子有不好的苗头，就忍不住按照心中对孩子所设定的样子去批评、指责孩子。这对孩子来说是很不公平的，会伤害孩子的心灵，打击孩子的表达欲。久而久之，孩子宁愿将委屈藏在心里，也不愿意再向家长倾诉。

而后一种家长能够保持耐心，倾听孩子说出事情的整个过程，无条件接纳孩子的情绪，让孩子感受到了尊重、关爱和温暖。通过有效倾听，家长可以更好地理解孩子行为背后的想法，即了解孩子为什么这样做，这有助于家长及时对孩子不好的行为和情绪做出正确的引导，从而更好地帮助孩子成长。

2.听孩子讲话时，要表现出足够的诚意

有些家长在倾听孩子时表现得很敷衍、心不在焉，眼睛都不看孩

子，只是机械地用"嗯""啊""哦""是啊"等词语回应孩子。孩子的感觉是很敏锐的，他们见家长用这种态度回应自己，是不可能感受到尊重和温暖的。因此，如果不想浇灭孩子与家长交流的积极性，请一定要在倾听时表现出足够的诚意，拿出正确的倾听姿态，给孩子足够的尊重。具体来说，家长应该做到这样几点：

（1）暂停手中正在做的不是那么紧急的事情；

（2）眼睛看着孩子，和孩子进行目光交汇、眼神交流；

（3）倾听时不要分心，要顺着孩子的思路，根据孩子诉说的具体情境，适时做出带感情色彩的回应，例如"那你是怎么做的呢？""后来发生了什么？""哦，原来是这样啊，太出乎意料了！""你真了不起，反应真快！"这样的回应不仅能点燃孩子诉说的激情，引爆孩子的表达欲，激发孩子的沟通能力，还能走进孩子的内心，促进亲子感情。

3.听孩子讲话时，适当和孩子肢体接触

在倾听孩子时，家长一定要用耳朵听，用眼睛去关注孩子说话时的神情，用心灵去感受孩子的内心世界。倾听的时候，除了适时回应孩子，引导孩子说出更深层次的想法，还应该适当和孩子发生肢体接触，让孩子感受到你倾听的热情和情感的温度。例如，听到精彩处，和孩子击掌；听到伤心处，抱一抱孩子；听到孩子沮丧时，拍一拍孩子的肩膀，给孩子鼓励；听到搞笑处，摸一下孩子的脸。通过不同的肢体语言，可以有效地向孩子传达家长的温情和关爱，让孩子知道自己真的被家长倾听、接纳。这样孩子的不良情绪才能得到最大程度的宣泄。

放下身段，站在孩子的角度看问题

　　生活中，有些家长对待孩子就像领导对下属那样，说话的口气不是缺乏信任的质疑，就是颐指气使的命令，他们过于强调自己的权威与尊严，过于相信自己的经验和判断，而不懂得设身处地地站在孩子的角度看问题，理解孩子的想法，感受孩子的情绪。这样做不仅得不到孩子的认同，还容易引起孩子的逆反和对抗。

　　经常有家长说孩子太不听话，喜欢和大人对着干，面对这种情况，如果家长在和孩子沟通的时候能够放下身段，站在孩子的角度看问题，给孩子平等感、尊重感，孩子又怎么会处处和家长作对呢？

　　女儿文菲放学回家后，抱怨老师当着全班同学的面批评她。

　　妈妈听后双手叉腰，用质问的口气说："你又干什么坏事了？"

文菲噘了噘嘴，生气地说："我没有干坏事。"

"不会吧，老师不会无缘无故批评学生。"

文菲把书包往桌子上一甩，重重地坐在沙发上，一脸不开心。

没过一会儿，爸爸下班回家了，见女儿生闷气，就问她发生了什么事。文菲便把课堂上被老师批评的事情给爸爸说了一遍。爸爸听后，用一种友好的口气说："我能想象当时的你肯定很尴尬，因为老师当着全班同学的面批评你让你很没面子。"

文菲听爸爸这么说，心情一下子好了很多，爸爸接着说："我记得我上四年级时，也被老师批评过，当时我在考试的时候忘带橡皮了，就找前排的同学借了一块。老师见我跟前排同学说话，以为我在作弊，当场让我站起来，我感到十分尴尬，也很气愤。"

听到这话，文菲好像找到了理解自己的人，于是打开了话匣子："我今天在上课时向前排同学借削笔刀，可老师居然以为我在交头接耳，我跟老师解释，她却认为我撒谎，你说我多冤啊！"

"确实很冤，可事情已经发生了，你不必放在心上。现在你要想一想，今后如何避免这种情况出现？"

"其实这个问题很好解决，只要我上课前准备好削笔刀，就不用向别人借了。"

"这就对了。"爸爸说。

在这个案例中，妈妈和爸爸对待女儿所遇到的问题，采取了不同的回应方式，结果也大不一样。妈妈站在自己的角度，想当然地质问女儿，让女儿原本受伤的心更加委屈。爸爸站在女儿的角度看问题，理解女儿的心情，引导女儿释放不良情绪，让女儿获得了安慰，并从这件事中总结经验。可见，站在孩子的角度看问题真的很重要。

美国著名心理学家爱德华·桑代克说过："父母只有站在孩子的角度去看问题，才能理解孩子的心理需求，而不武断地下结论。这样才能减少与孩子的冲突，赢得孩子的信任。"所以，在与孩子沟通时不能自以为是，而要学会放下身段、换位思考，从孩子的视角看问题。一旦家长懂得从孩子的角度看问题，就会发现：孩子的世界很简单，一些看似很糟糕的事情其实没那么糟糕。

那么，对于习惯了站在成人角度看问题的家长来说，怎样才能放下身段，站在孩子的角度看问题呢？

1.放下家长固有的成见

作为家长，我们应该明白：成人的世界是成人的世界，孩子的世界是孩子的世界，两个世界是不一样的。如果用成人世界里的规则、要求来对待孩子，势必会在亲子相处过程中产生诸多问题，引起不必要的摩擦，影响亲子感情。因此，家长应该放下固有的成见，把自己的身段放低，试着从孩子的角度来看待孩子所遇到的问题。

2.放下对孩子的偏见

有些家长经常觉得自己的孩子不如别人家的孩子，总喜欢有意无意给孩子贴上各种不好的标签，如"笨手笨脚""调皮捣蛋""不爱学习""不听话"等。当孩子出现不好的表现时，家长甚至连原因都没有了解清楚，就想当然地用相应的标签去对待孩子。这样不仅会误解孩子，伤害孩子的自尊心、积极性，还会在无形中推着孩子朝标签的方向发展。比如，家长总是说孩子"不爱学习"，孩子觉得反正我在你心里就是不爱学习的孩子，那我努力学习干吗？所以，家长要放下对孩子的偏见，用孩子的视角重新认识孩子的方方面面，塑造孩子全新的形象。

3.和孩子平等对话

每个人都希望别人能够平等对待自己，孩子也是这样。虽然父母是长辈，是养育孩子的人，但在人格方面家长和孩子是平等的。孩子希望父母能够用平等的姿态、平和的语态和自己说话，而不希望父母总是趾高气扬、居高临下地俯视自己。特别是当孩子慢慢长大，独立意识和自尊心越来越强时，他们更希望被平等对待。所以，父母要学会放低姿态、放下身段，学会平视孩子，给孩子充分的尊重。

4.假设自己是孩子

一个人处于不同的立场上，所持有的观念是不同的；一个人站在不同的角度，所看到的问题也是不同的。作为家长，要想学会站在孩子的角度看问题，就要适时地假设自己是孩子。比如，当孩子在成长中出现不良行为，或说出不中听的话语时，家长按照惯性思维，往往会劈头盖脸地批评孩子一顿，但如果家长懂得换位思考："如果我是孩子，我为什么会有这样的行为？为什么会说出这样的话？"按照这样的思路去分析问题，也许就容易豁然开朗，就容易化解孩子成长中的问题。

　　总之，家长和孩子之间不是掌控与被掌控的关系，也不是施恩与受恩的关系，而是一种平等的关系。家长应该尊重孩子，信任孩子，站在孩子的角度看问题，这样才能赢得孩子的信任与尊敬，才能帮助孩子更好地成长。

如何说孩子才会听，如何听孩子才肯说

"都说几遍了，还不听！"

"再不听话，信不信我打你？"

"哭什么哭，有什么好哭的，别哭了！"

……

生活中，采用这种沟通方式和语气训斥孩子的家长并不少见，至于为什么要这样训斥孩子，家长的理由无外乎"孩子不听话"，那么孩子为什么不听话呢？他们并未思考这个问题。其实，很多时候孩子不听话，并不是因为孩子本身性格顽劣，故意不听话，而是因为家长的沟通方式有问题，激起了孩子本能的逆反情绪，导致孩子不愿意听家长的话。

　　邻居汪女士每次跟上五年级的儿子说话，说不了两句就会着急上火，她和儿子的沟通方式完全可以用"暴力沟通"来形容。在与儿子对话时，她总是保持着"强者"姿态，双手交叉放在胸前，对儿子不是命令就是质问，儿子想要解释的时候，她经常抢先去反驳。慢慢地，儿子不再愿意跟她沟通，她说什么儿子都不听，或者干脆和她吵一架。汪女士非常生气又无可奈何，经常在亲戚邻里面前抱怨儿子不听话。

　　在亲子沟通这件事上，很多时候并不是孩子不听话，而是家长不懂得好好跟孩子沟通，最常见的表现是家长喜欢带着情绪、高高在上地和孩子沟通，"我是你爸（你妈），我的职责就是管教你，我都是为你好！"还动辄使用嘲讽、谩骂、贬低等暴力性的语言，"你真是不争气，太让我失望了！"说出这样的话确实很解气，很能释放压力，可坏情绪却转嫁到孩子身上，让孩子身心受伤。如果有一种沟通方式能让孩子乖乖听话、愉快地配合，那为什么不尝试一下呢？

　　一对外国夫妇带着9岁的儿子在海边的小屋享用美食，妻子注意到桌子上有一个海滨游泳袋，一件湿漉漉的泳衣，还有一个沙滩球。她的第一反应是生气，认为儿子乱丢乱放东西，于是冲儿子咆哮："我告诉过你多少次了，赶紧把你的东西收拾好！你以为我是你的保姆吗？每天跟在你后面帮你收拾烂摊子？"

但是儿子好像对妈妈的话有了"免疫力"，一点儿都不为所动，继续在一旁玩玩具。这时孩子的爸爸平静地描述了他看到的东西："嘿，儿子，我看到厨房的桌子上有一个海滨游泳袋，一件湿漉漉的游泳衣，还有一个沙滩球。"儿子马上跳了起来，喊道："哦，那一定是我的。"然后他走进厨房，把东西收了起来。

儿子离开后，丈夫愉快地对妻子说："我觉得这种不动气、客观描述的沟通方式很有效，来吧，为儿子刚才的合作干杯。"

当孩子言行不当、制造麻烦或惹出乱子时，家长要积极寻求解决的办法，而不是责备和批评。即使控制不住地生气，也可以不带指责、不带定性评价地表达出来。这种人性化的沟通方式背后，是对孩子充分的尊重、理解和接纳，即尊重孩子的天性，理解孩子的无理取闹，接纳孩子的缺点和不足。

意大利著名教育学家蒙台梭利说过："对成人而言，儿童的心灵是一个难解之谜。我们应该努力探求隐藏在儿童行为背后的那种可理解的原因。没有某个原因，他就不会做任何事情。"家长如果想找到这些谜底，就必须对孩子采取一种新的态度，增强对孩子的责任感，深入了解孩子的内心世界，而不是迷恋于跟孩子讲道理。

法国著名启蒙思想家卢梭在《爱弥儿》中说："跟孩子讲道理，是最无效的教育。"因为喜欢讲道理的父母，往往都忽略了孩子是天真的，但不是幼稚的，孩子是单纯的，但不是简单的，这样的事实。总是讲自以为正确的道理，而不了解孩子的需求，孩子又怎么会听呢？

那么，家长究竟怎样说，孩子才会听呢？下面几点建议值得
尝试：

1.把问题描述出来，而不是指责或攻击

假如孩子忘记关水龙头，导致澡盆水漫金山，这时家长没必要指
责孩子："怎么不长记性！""太不负责任了！"而应就事论事地描
述问题："水漫出来了。"

假如孩子忘记冲马桶，家长没必要跟孩子说："跟你讲过多少遍
了，要记得冲马桶！"而应直接告诉孩子："马桶还未冲水呢！"

假如孩子随手把垃圾丢在地上，家长没必要抱怨或质问孩子："你
怎么总是乱丢垃圾？"而应陈述事实："垃圾应该扔到垃圾桶里。"

和孩子沟通就这么简单，完全没必要指责、攻击，也没必要追究
责任，只需直接向孩子描述事实或问题，提醒孩子正确的做法是什
么。这样既照顾了孩子的自尊心，也不会让孩子产生心理压力、愧疚
感或逆反情绪，又给了孩子改错的机会，孩子自然愿意听父母的话，
乖乖地配合。

2.表达你的感受，但不要评判孩子的人格

家长是人，不可能没有负面情绪，但要注意的是，当孩子的行为
引起你的负面情绪时，千万不要把孩子当作发泄情绪的垃圾桶，并由
此评判孩子的人格。明智的做法是表达自己的感受，引导孩子去理解
你、体谅你，从而配合你。

举个简单的例子，妈妈下班回到家，累得一动不想动，孩子却在

沙发上跳来跳去，还嚷嚷着要妈妈给他讲故事，妈妈强忍着怨气和疲惫给儿子讲了一个，谁知儿子却不高兴地说："你讲得太没劲了，一点儿意思都没有！"这时妈妈彻底怒了："我上班都快累死了，你还缠着我，你是想要气死我吗？真是太不懂事了！"孩子见妈妈怒了，怯生生地走开了。

如果换一种沟通方式，结果会是怎样呢？妈妈完全可以温和地跟儿子说："妈妈今天太累了，没有力气跟你讲故事，你让我安静地待一会儿，不要吵闹好吗？"这种表达方式对孩子不构成负面评判和人格攻击，孩子往往更愿意跟父母合作。

3.使用纸条留言，和孩子进行无声的沟通

有些家长跟孩子说话时，控制不好情绪和语气，说话就怼人，对于这种情况，其实有时可以用纸条留言，和孩子进行无声的沟通。比如，孩子经常把房间弄得乱七八糟，家长总是追在身后不停地收拾，牢骚满腹，若是和孩子沟通这个问题，害怕控制不好情绪，那不如在孩子房间醒目的地方贴张纸条："请记得收拾玩具！"

使用纸条留言，可以有效地过滤掉很多无关的非语言信息，如父母不好的语气、态度和负面情绪，还能直接告诉孩子应该怎样做。现在有些孩子有社交软件，家长还可以定期或不定期跟孩子用社交软件进行聊天，甚至可以给孩子写封简短的信，这是与孩子进行贴心交流的有效方式。

与孩子沟通时，家长除了要注重沟通方式和技巧以外，还应该学会倾听孩子的心声。毕竟沟通是双向互动的过程，而非家长单方面的表达。因此，当孩子说话时，家长要认真倾听、积极回应、巧妙提问，以激发孩子沟通的兴趣，让孩子说出更多心里话。另外，家长还可以主动向孩子请教，征求孩子的意见和想法，让孩子获得充分的被尊重感，这样孩子自然会更愿意和父母说话。

父母爱唠叨给孩子带来的7个危害

父母都有一颗真挚的爱子之心，可是爱孩子、教育孩子的方式却各有不同，有些父母教育方法不当，导致孩子不仅不能感受到父母的爱，反而会对父母产生反感。说到对父母最反感的行为时，很多孩子都选择了"唠叨"，他们说："很多话讲一遍就够了，但父母总是唠唠叨叨，没完没了。虽然我们也知道他们是为我好，但说多了，我心里就觉得烦。"

有个孩子说："我妈整天在我耳边唠叨、埋怨、指责，好像我没有一件事能让她顺心，这太影响我心情了。现在我一听到她唠叨就感到狂躁，我真的受不了啦，我快要崩溃了。"另一个孩子说："妈妈的唠叨很容易让我产生反感情绪，每次只要听到她的唠叨，我就双手捂住耳朵，或者回到自己房间，把门反锁……"

很多家长可能不理解，觉得自己苦口婆心地教育孩子，一切都是为孩子好，为什么孩子不理解、不听话，反倒反感自己呢？其实，孩子之所以讨厌父母的唠叨，是因为唠叨原本就是亲子沟通的大忌，它会给孩子带来7个严重的危害：

危害1：父母的唠叨使孩子不愿意倾听

某个观点、某个道理，讲一遍孩子就懂了，父母偏要变着法子反复地唠叨，试问谁受得了？别说自我意识正处于高速发展中的孩子，其实就连成人也无法忍受一个人的唠叨。在这方面，有一个很经典的案例：

美国著名作家马克·吐温有一次在教堂听牧师募捐演讲，刚开始他觉得牧师讲得感人肺腑，决定捐款。可是，牧师一直喋喋不休，他开始有些不耐烦，决定只捐一些零钱。过了10分钟，牧师还在絮絮叨叨，于是他决定一分钱也不捐了。又过了十几分钟，牧师终于讲完了，马克·吐温不仅没捐钱，还从捐款箱中拿走了2美元。

这个现象后来被心理学家定义为"超限效应"，意思是：当你说得太多、太久，超过了人们的忍耐限度时，就会引起别人极大的不耐烦，并且产生逆反心理。回到家庭教育方面，父母在教育孩子时如果唠唠叨叨，同样会让孩子感到厌烦。在这种情况下，父母讲得再有道理都是白费口舌、徒劳无功。

危害2：父母的唠叨使孩子产生对抗情绪

父母经常在孩子耳边唠叨，会让孩子产生一种被控制的感觉，哪里有控制，哪里就有反抗。也许孩子现在的力量不足以对抗父母，但他会把这种负能量压抑在心中，等到有一天再爆发出来。比如，青春期到来时，孩子在生理和心理上渐趋发展成熟，他感觉有力量与父母对抗了，就会表现得十分叛逆。到那时，父母想要引导孩子朝着自己设定的方向发展难度就会很大。

危害3：父母的唠叨会让孩子感觉不被尊重

一件事讲一遍孩子就能明白，而父母总担心孩子不明白或记不住，于是反反复复地讲，孩子心里就会想："你是在质疑我的理解力、记忆力吗？难道你还把我当成三岁小孩吗？这也太看不起我了，太不尊重我了！"所以，父母的唠叨会让孩子自尊心受伤，会让孩子感觉不到认可，会打击孩子的自信心，影响孩子的个性发展。

危害4：父母的唠叨会使亲子沟通出现障碍

良好的沟通应该是双方充分地互动和高效地表达，而唠叨则是另一个极端，它会让孩子失去倾听的意愿，失去表达的机会，它只是父母单方面的话语的输出和不良情绪的输出。这样只会使亲子沟通的裂痕越来越大。

危害5：父母的唠叨会使孩子产生免疫力

有人说，父母的唠叨就像农夫给农作物喷洒农药，表面上看可以防止农作物被虫子侵害，但同时也会让农作物对农药产生耐药性，导致父母的唠叨越来越没有效果。于是，父母的唠叨越来越严重，不良情绪愈演愈烈，也就造成孩子对父母的唠叨产生越来越强的免疫力。

显然这是一种恶性循环。所以，我们经常会看到孩子面对父母的唠叨，干脆捂上耳朵或逃离的现象。

危害6：父母的唠叨容易扼杀孩子的责任感

父母不停地唠叨和说教容易让孩子产生依赖心理，认为反正有人提醒我，于是做事也懒得用心，出了问题还会想当然地把责任推到父母身上："都怪你们不提醒我！"所以长期生活在父母唠叨中的孩子，容易缺少责任感、独立意识，从而变得懒惰、散漫，这会严重影响其个性发展和良好习惯的养成。

危害7：父母的唠叨会使孩子被负能量影响

父母的唠叨往往是其对自己生活经历、经验的总结，有些是带有偏见和误解的，还往往带有不良情绪，如果父母不断地唠叨孩子等于是在向孩子转嫁焦虑和压力，会对孩子造成极大的心理伤害。如果孩子长期被父母的唠叨包围，就很可能会产生消极的思维方式或形成不健康的生活态度。

所以，奉劝所有的父母，教育孩子时要避免唠叨，正确的做法是在正确的时间、地点和场合，采用点到为止的方式教育孩子，要相信孩子能够理解、能够牢记你的教导。

第6章
爱和陪伴——给孩子减压的灵丹妙药

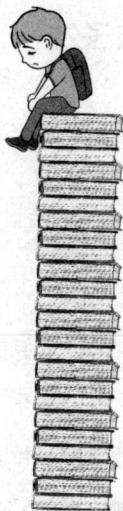

现代社会，家长迫于生活压力忙于工作赚钱，孩子则迫于学习压力疲于应付书山题海。很多父母因为忙碌所以对孩子疏于陪伴，而且他们认为给孩子提供充足的物质条件就是爱孩子。殊不知，父母对孩子最好的爱就是陪伴，这也是帮孩子减压的灵丹妙药。

再忙也要抽出时间陪孩子

很多父母觉得给孩子吃好的、穿好的、满足孩子的物质需求，孩子就会积极上进，认真学习，就会快乐无比、幸福感爆棚。于是，他们努力工作，拼命赚钱，忙着应酬，忙着充电。当孩子需要陪伴时，他们总是说："我太忙了，哪有时间陪你，如果陪你，我怎么赚钱，怎么养你？"当孩子抱怨父母陪伴少时，他们总是口口声声地说："我每天拼死拼活地工作，还不是为了让你生活得衣食无忧吗？"就这样，父母的陪伴对很多孩子来说就成了一种奢望。

曾看过这样一段纪录片：

小女孩满怀期待地等爸爸回家吃饭，因为那天是她的生日，生日蛋糕已经准备好，她还准备了一个才艺展示的节目。可是她左等右等，等到的却是"爸爸要加班"的消息，这让她失望至极。

这种事情连孩子的妈妈都看不下去了，她电话里生气地质问丈夫："你是卖给公司了吗？"

即便是面对这样的质问，丈夫还是没有回来，但他答应再满足女儿一个愿望，女儿想了半天，说："我想要一个存钱罐。"

果然，爸爸隔天就送给她一个精美的存钱罐。女孩非常开心，她开始把零花钱都存起来，期待着钱越变越多。

一天，表妹来家里玩，她也很喜欢那个存钱罐。女孩的妈妈以为那只是一个普通玩具，于是准备将存钱罐送给女孩的表妹。女孩见状，马上把存钱罐抢了过来。妈妈不明白一直乖巧的女儿怎么会变得如此粗鲁？结果女孩哭着说："你说爸爸卖给公司了，我要存钱把爸爸买回来。"

为人父母总是想要把最好的给孩子，却不知道孩子最需要的是父母的陪伴。他们不曾想过，当孩子因缺少陪伴和关爱导致精神营养缺失时，单纯的物质满足是无法弥补的。在孩子小时候，父母忙于事业，疏于陪伴，会造成孩子"情感饥渴"，他们会为此撒娇、任性，偶尔还会做出一些古怪的行为。其实，他们这样做就是为了引起大人对他们的关注。

嘉明从小到大都被寄养在姑姑家，他跟父母在一起的时间很少。进入青春期后，他继续被父母忽略，没有得到父母应有的关心，自然和父母的感情比较淡，性格也变得自卑又敏感。长大后，大家都说他性格很孤僻，而他也没办法和周围人正常交往。走入社会后，他在工作、婚姻等方面都不顺利，这跟他小时候缺乏父母的关爱有很大关系。然而，父母并未意识到这一点，反而抱怨、指责他："你怎么变成了这样的人？"

英国教育家夏洛特·梅森曾经说过："很多父母总是终日奔忙，无暇顾及孩子，当他们终于有一天想好好关心孩子的时候，却发现竟然无法与孩子进行沟通了，父母对孩子而言已经变得无足轻重。"可见，要想让孩子生活快乐、幸福，绝不仅仅是满足物质要求那样简单，更重要的是要多陪伴孩子，让孩子获得足够的精神财富，形成良好的性格。

据世界卫生组织公布的一项研究成果表明：每天与父母相处两个小时以上的孩子，会变得更聪明。除了智力方面，孩子性格的形成、行为习惯的培养也极为重要。因此，父母再忙也要权衡好工作赚钱与陪伴孩子这两件事，正如一位情感节目主持人在一档综艺节目中说的那样："生活艰难不能成为不陪伴孩子的理由。"或许生活有太多的无奈，但孩子的成长是不可逆的。在孩子需要陪伴的时候如果没有陪伴，等他们长大了，父母再想陪伴时，可能他们已经不需要了。所以，尽量抽时间多陪伴孩子吧！

1.父母要一起陪伴孩子

陪伴孩子不是妈妈一个人的职责，爸爸也义不容辞。因为爸爸和妈妈对孩子的成长起着不同的作用，在妈妈身上孩子可以学到善良、体贴、宽容，在爸爸身上孩子可以学到坚强、勇敢、担当，这些优秀的品质会在父母对孩子的长期陪伴中潜移默化地影响孩子。

另外，还有这样一句家教格言："一个好父亲胜过一百个好老师。"由此看出，爸爸不能把陪伴孩子这件事推给妈妈。对孩子来说，有爸爸在，家才是完整的家；有爸爸的爱，孩子才能感受到完整的爱。因此，爸爸再忙也要抽时间陪伴孩子。特别是跟孩子有关的一些重要的、特殊的日子，爸爸要争取与妈妈一起陪孩子。比如，孩子的生日、演出、毕业典礼等，这时候，父母的陪伴就是最好的精神鼓舞，它会使孩子变得更自信、更坚强。

2.留出固定时间陪孩子

对于很多父母来说，陪孩子一两天并不难，难的是坚持每天陪孩子。想要坚持每天陪孩子，建议父母每天留出固定的时间，比如，再忙也要陪孩子吃晚饭，吃饭的时候和孩子聊些有趣的事情，或睡前15分钟陪孩子聊聊天，了解孩子一天的情况，询问孩子在校的事情，或给孩子讲两个睡前故事，再跟孩子道声"晚安"。

当然，如果父母实在太忙，也可以每隔一段日子拿出一段时间来。这段时间如何安排，要让孩子自己做主，或陪孩子玩感兴趣的小游戏，或陪孩子阅读，或陪孩子做手工作品，或陪孩子户外活动，如去逛公园，去爬山，去野外走走等。总之，父母要多陪孩子做有意义的事。

3.陪孩子要全身心投入

父母陪伴孩子重在质量，而非时间长短；重在实效，而非形式。

生活中，有些父母看似每天和孩子在一起，但并未起到陪伴孩子的作用，因为他们的注意力不在孩子身上，孩子感受不到关注、关心，这种形式上的陪伴不但起不到陪伴的效果，反而会伤害孩子的心，会造成亲子关系的隔阂。孩子需要的陪伴是父母放下手机，放下工作，把关注点放在自己身上。父母这样和孩子进行心与心的互动，孩子才能感受到父母的爱。

家是孩子减压最好的地方

近些年，学生离家出走、患抑郁症或自杀的事件屡见各种媒体，让人既心痛又惋惜。有些学生虽然没有走上绝路，却患上了精神疾病，导致原本光鲜的生命黯然失色。

对于这类事件，很多人批评现在的孩子心理太脆弱、抗压能力太差，他们不理解不愁吃不愁穿的孩子们为什么不快乐。其实，这是因为从入学开始，他们就逐渐被一种看不见、摸不着，却又无处不在的"隐形压力"包围着，这让他们感到窒息，没办法无忧无虑地开怀大笑。

恒恒从小就是个听话的孩子，到了升入初中时却被诊断出人格障碍。上小学之前，父母一直教育他要听话、懂事，上小学后父母又要求他每次的考试成绩必须位列班级前五名。如果他做不到，父母就不会给他好脸色。有一次他考试成绩不理想，妈妈对他冷若冰霜，他想跟妈妈谈一谈，但是刚一开口，听到的却是妈妈连珠炮似的批评和指责。

在恒恒的家里，他只有听话的权利，没有说"不"的资格，就连看什么电视节目、每次看多长时间，父母都会给他规定好，哪怕是周末也不例外。在学校里受了委屈，恒恒回家也不愿意说，因为还没等他说出前因后果，父母就不耐烦地批评他不懂得谦让、不懂得宽容。因此，他只有通过考取好成绩才能换来父母的好心情和好态度。

也许是压抑的时间太长，到了初中时恒恒的心理已经接近崩溃，当被父母批评时，他开始不受控制地大喊大叫，或随手扔东西。后来，父母带他去医院检查，才得知他患有人格障碍。

每个孩子出生的时候都是快乐的天使，成长的过程中都向往积极、阳光的生活，都希望得到父母的肯定和表扬。如果一个孩子犯错后得到的不是鼓励而是批评，考试成绩不理想时得到的不是安慰而是指责，那么他的心里肯定会充满巨大的压力和受挫感。当这种压力无处释放且积压太多以后，就可能酿成悲剧。

北京师范大学曾有一项调查发现，在中国3.4亿未成年人中，16.4%的学生有异常心理倾向，5%左右的孩子有严重的心理行为问题。另有调查表明，中国孩子的自杀率位居世界第一。与其他国家孩子相比，中国孩子"学习压力最大""幸福指数最低"。可是作为家长，对孩子的压力缺少倾听、缺少重视，并没有发挥好帮孩子减压的作用。相反，很多家长只重视孩子的成绩，不重视孩子的性格发展和心理健康，为了不让孩子输在起跑线上，而盲目地给孩子报辅导班、兴趣班、特长班，导致孩子小小年纪就负重前行。

除了来自于学业方面的压力，孩子还会遇到人际关系、师生关系、青春期生理发育等方面的烦恼和压力。因此，家长一定要学会帮孩子减压，让孩子每天回到家都能释放压力、卸下包袱，第二天走出家门又能轻松上阵，这样孩子才会快乐成长。那么，怎样才能帮孩子减压，让家成为孩子减压最好的地方呢？

1.每天都对孩子笑脸相迎

如果孩子每天放学回家，家人都笑脸相迎地和他打招呼，那么孩子一定会非常开心。比如，妈妈可以这样问孩子："今天学校发生了什么有趣的事？"孩子一听，想到的是开心的事情，一天的疲惫也就缓解了。如果孩子放学回家后，看到的是家人板着面孔，听到的是家人劈头盖脸地质问："上课好好听讲了吗？""在学校又淘气了没有？""课堂作业都做完了吗？"那么孩子心里的压力只会加剧。想要让孩子轻松应对学习，最好的办法就是笑着向孩子提问，和孩子聊些轻松的话题。

有位父亲在育儿方面经验独到，他从来没有操心过女儿的功课，但女儿却非常爱学习，而且成绩特别好。据介绍，他只是每天在女儿放学后跟女儿聊一会儿，问女儿"今天在学校发生了什么有趣的事情？""今天你有什么好的表现？""今天你有什么收获？"这三个问题看似简单，却蕴含丰富的含义。第一个问题可以了解女儿的价值观，了解她对好坏的评判标准；第二个问题实际上是在暗示女儿，能够增强她的信心；第三个问题可以了解女儿具体学到了什么。这三个简单的问题包含了父母的关爱，能够让孩子感受到爱的力量，从而很好地帮助孩子释放压力。

2.学会用"镜子"看孩子

作为家长，一定要学会用"镜子"看孩子，具体来说，要用以下两种镜子看孩子：

第一，用放大镜看孩子的优点，一旦孩子有好的表现就立刻肯定孩子、赞美孩子，以增强孩子的自信心和荣誉感。一个经常被肯定、被赞美的孩子，长大后很容易成为自我认同感和责任感都很强的人。

第二，用望远镜看孩子，即把孩子的前途放远来看，不要在意孩子眼前的成绩，要相信孩子会不断进步，越来越优秀。

3.掌握平和沟通的原则

在家庭生活中，家长与孩子沟通时，要掌握平和沟通的原则，即不生气、不嘲讽、不闹翻。不生气是指说话的时候不要带着情绪，生气的时候不要说话，因为人在生气的时候容易说出不理智的话，容易伤害亲子感情；不嘲讽是指跟孩子说话时，不能阴阳怪气地说风凉话或指桑骂槐，以免刺伤孩子的自尊心，导致孩子产生敌对心态；不闹翻是指和孩子发生争执时，要学会妥协，学会谅解，切不可说出伤害亲子感情的话，比如说："我没有你这样的儿子！""不要叫我妈妈！我不是你妈妈！"等等。这样会彻底阻断沟通的桥梁。

4.学会和孩子一起分担

分享快乐，快乐会增倍；分担忧伤；忧伤会减半。因此，家长要学会做孩子的知心朋友，懂得和孩子一起分担压力。当孩子有伤心或难过的事情时，要主动了解、关心，引导孩子倾诉苦闷的心声，接纳他的"情绪垃圾"，再给予贴心的安抚。这样可以有效缓解孩子的心理压力。

好的亲子关系胜过一切教育

　　家庭教育是一个人接受教育的起点和基础，具有学校教育无法替代的作用。作为家庭教育的主导者，父母不同的思想、认知、情怀、理念和态度最终作用到孩子身上，会形成各种各样的亲子关系，而这又在很大程度上影响着孩子的成长。因此，父母对孩子教育的成败，往往可以通过亲子关系来判断。

　　网络上曾有一段关于绿日乐队主唱比利·乔的视频：

　　视频里，比利·乔在家边带孩子边唱歌，他身兼主唱和吉他手，两个儿子一个充当架子鼓手，一个弹贝斯，在他们默契的协作下，一首节奏感超强的《I Think We're Alone Now》被潇洒地弹唱出来。

　　网友纷纷感叹：他们的配合实在太默契了，而且从他们的表情和姿态上看得出来，他们在一起非常轻松愉快，完全看不出他们是父子关系，分明就是三兄弟。

试问，谁不羡慕这样其乐融融的亲子关系呢？教育心理学研究表明，好的亲子关系胜过一切教育，是决定孩子一生幸福的密码。在融洽的亲子关系中，父母对孩子的教育是春风化雨般的柔情，是潜移默化式的熏陶，也是和风细雨式的影响，是最利于孩子身心健康的教养方式。

亲子关系就像是家庭教育效果的晴雨表，哪个家庭关系和谐，父母和孩子关系好，哪个家庭对孩子的教育效果就会更好。父母与孩子保持良好的亲子关系，可以有效地促进两代人相互学习、共同进步，孩子也会从好的亲子关系中获得源源不断的自我成长的内在动力，从而让自己变得更优秀。

那么，怎样的亲子关系才算得上好的亲子关系，才能胜过一切教育呢？

1.爱与严格并存

如果父母对孩子只有爱，就容易导致孩子被溺爱，且会在孩子面前失去威严。但如果父母对孩子只有严格，又会使孩子与父母疏远，容易导致亲子之间出现隔阂。因此，好的亲子关系是爱与严格并存的，既有父母对孩子温情的爱，也有父母对孩子严格的要求。当然，父母对孩子严格并非不顾孩子个性发展，也不能限制孩子应有的自由，这种严格更多的是规矩教育，让孩子成为一个懂规矩、守规矩的人。

2.尊重与独立并存

在好的亲子关系中，父母与孩子应该是互相尊重，又彼此独立的，就像龙应台在《目送》中写的那样："我慢慢地、慢慢地了解到，所谓父女母子一场，只不过意味着，你和他的缘分就是今生今世不断地在目送他的背影渐行渐远。你站在小路的这一端，看着他逐渐消失在小路转弯的地方。而且，他用背影默默告诉你：不必追。"

怪不得有人说："我钦佩一种父母，他们在孩子年幼时给予强烈的亲密，又在孩子长大后学会得体地退出，照顾和分离都是父母在孩子身上必须完成的任务。做父母，是一场心胸和智慧的远行。"因此，父母要尊重孩子成长的规律，学会接受一场又一场的"小别离"，舍得放手让孩子去独立，去直面一次又一次人生的挑战。

3.是玩伴也是朋友

在好的亲子关系中，父母与孩子既是玩伴，也是朋友。所谓玩伴，就是父母多陪孩子玩儿、闲谈、共度欢乐时光；所谓朋友，是指当孩子遇到挫折、失败时，要多给孩子鼓励，帮助孩子保持良好的状态。扮演好这两个角色，才是做父母的最高境界，这样的父母也会赢得孩子的信赖。

4.学会和孩子沟通

在好的亲子关系中，父母都是善于和孩子沟通的，他们会经常陪孩子聊天、谈心，就共同兴趣展开讨论，以走进孩子的内心世界。对于孩子的想法，他们懂得聆听，知道用孩子的眼光审视世界。凡是孩子自己的事情，他们不会简单粗暴地干涉，而是怀着爱心加以关注，以平等的身份进行商量，让孩子有机会去处理好自己的事情。因此，这样的父母总能赢得孩子的尊重，孩子也愿意与他们分享自己的想法。

5.耐心等待孩子成长

在好的亲子关系中，父母善于耐心等待孩子成长，对于孩子成长过程中出现的错误和不足，他们不会大惊小怪，不会急于纠正，而是能够以从容的心态看待孩子。他们不指望和孩子来一次谈话，就能起到立竿见影的效果，而是耐心等待孩子，他们相信孩子现在的问题在将来回过头来再看时都不是问题。所以，他们不会人为地给孩子制造压力，也不会替孩子规避可能出现的错误，因为他们深知成长中的错误会转化为孩子一生的财富。在这种宽松的教育氛围下，孩子会变得更好。

你就是孩子最好的玩具——亲子互动游戏减压法

　　每个孩子都希望父母能经常陪自己玩儿,可是不少父母却认为陪孩子玩儿是一件无聊的事情,甚至觉得有点儿浪费时间。就算陪孩子,往往也是身在曹营心在汉,并未全身心投入。不信的话看一看商场里的儿童游乐区,孩子们在那里玩滑梯、玩沙、堆积木,家长们却在一旁待着玩手机、聊天,时不时回头看一眼不远处的孩子。用大家的话说,这完全是花钱买"省心",因为陪孩子实在太辛苦。有些家长宁愿花钱给孩子报各种课程,早上送过去,中午接回来,一上午就这样消停地过去了。

　　有个男孩离家出走,被执勤民警发现,民警联系他的父亲来派出所接他。在等父亲的时候,民警和男孩聊了几句。男孩执拗地说:

"你不要管我，也不要让我爸来接我，反正他从来都不管我。"民警说："没人管你，你能长这么大啊？"他耷拉着脑袋说："他老了我又不是不养他，不就这点儿事吗？但休想让我陪他遛弯、下棋、聊天，因为我小时候连踢足球他也不肯陪我。"

玩儿是孩子的天性，尤其对于儿童来说，喜欢游戏、热衷于玩具是一种非常普遍的现象。但孩子仅有游戏和玩具是不够的，更重要的是要有父母陪他们玩、陪他们疯。在父母陪伴玩耍的过程中，孩子可以感受到极大的快乐，同时也能获得许多积极的影响。

首先，可以促进亲子关系更加亲密。父母陪孩子一起玩耍的过程中，双方会进行亲密合作，彼此增进了解，因此亲子关系会更加亲密。孩子还会把父母当成自己的玩伴、朋友，对父母产生极大的信任，同时父母可以走进孩子的内心，了解孩子的想法。

美国心理学家劳伦斯·科恩博士曾说过："和孩子一起玩儿，是建立亲密关系的最佳方式……很多家庭十分正常，就是缺少了些热情与欢乐。"他还分享过一个真实案例：

有位母亲因儿子爱顶嘴、爱骂人而苦恼，于是向科恩请教，科恩建议道："下次当孩子顶嘴骂人时，建议你放弃教训和吼叫，直接和他来一场'枕头大战'。"这位母亲半信半疑，认为这简直疯了。可尝试之后她才发现，儿子只不过不知道如何表达负面情绪，他其实非常享受和妈妈玩这个游戏。在嬉笑打闹中，这位母亲的担忧消除了，亲子关系大大改善，儿子顶嘴、骂人的毛病也慢慢改掉了。

其次，帮孩子建立内心的安全感。父母陪孩子一起玩耍的过程中，孩子能够感受到父母对自己的关注和爱，这有助于孩子内心安全感的建立，会让孩子内心更有力量。正如一位父亲说的那样："陪孩子疯一次，你也许就会发现，他的胡搅蛮缠是在求关注，爱打人可能是在转移苦闷。这都是内心安全感不足的表现。"因此，想要给孩子安全感，就给孩子关注吧，而最好的关注无疑是陪孩子疯、陪孩子闹，给孩子足够的快乐。

再者，有利于孩子排解负面情绪，从而培养孩子稳定的个性。别看孩子小小年纪，其实经常会被负面情绪和压力困扰，如果负面情绪和压力得不到及时排解，积压下来就可能引发心理问题。而父母陪孩子疯玩的过程中，孩子的负面情绪很容易得到排解，从而有利于孩子形成稳定的个性。

小华从小就是"孩子王"，这得益于他爸爸经常陪他疯玩。比如，爸爸经常扛着他在家里疯跑，巧妙地避开障碍物；爸爸跟他在床上用枕头、玩偶打仗；爸爸带他到游乐场追逐打闹。他每次都玩得大汗淋漓，嗓音嘶哑，精疲力竭。小华在上中学之前，没有上过任何兴趣班、特长班，虽然说他不像其他孩子那样多才多艺，但却充满了幸福感，而且性格也很好。

玩闹是孩子天然的语言，用游戏和疯玩与孩子对话，能拉近亲子之间的关系，强化孩子内心的安全感，稳固孩子的个性。所以，父母懂得陪孩子"疯"，是孩子一生的幸运。父母陪着"疯"的孩子，身心更健康。

《权力的游戏》《海王》两部影片的主演、美国演员杰森·莫玛就是一个很爱陪孩子疯的父亲。他追求的生活是野营、篝火、玩音乐、诉说或倾听着不同的故事，活在飞扬的尘土中，不为任何事情而担忧。而且他不是只会自己疯，还会把这股"疯劲"用到陪孩子上，他一有空就想尽办法带孩子折腾。比如，带孩子冲浪、玩滑板、滑雪，在户外搭帐篷，在泥地草丛里翻滚，甚至在家门口竖了一面攀岩墙……虽然杰森的休息时间十分有限，但都被他充分用于陪孩子，孩子在玩乐中充分释放了天性，快乐自得地成长，体能和意志也在玩耍中不断增强。

著名儿童心理学家皮亚杰说过："游戏是孩子认知发展的关键时期的重要活动，也是教育他们的最佳途径。"因此，家长们要把握好陪伴孩子的时间，努力做孩子最好的玩具，和孩子在游戏中感受快乐时光。

那么，陪孩子疯、陪孩子闹的时候，要注意什么呢？

1.全情投入

生活中，很多家长不是没有陪孩子，而是陪孩子的时候没有全情投入。除了上班和睡觉时间，多数家长和孩子在一起的时间并不少，可是又有多少家长能够全身心投入地陪孩子疯呢？很多家庭往往有这样的场景：爸爸下班后，瘫坐在沙发上玩手机，妈妈在厨房忙碌。孩子在一旁写作业、看电视或独自玩耍。就算陪孩子，也可能心不在焉，一会儿看看电视，一会儿刷刷手机。试问，哪个孩子愿意和心不在焉的爸爸玩呢？

所以，陪孩子就要全身心融入孩子的世界里，专注是最好的尊重。在这方面，中国当代作家郑渊洁堪称表率，多年以来他一直坚持一个原则——陪孩子玩时绝对不碰手机。有一次，他遇到不得不接的电话，就走到一边，压低声音说："我正在陪孩子玩呢！"可见他在陪伴孩子方面真是用心良苦。

2.敢于放手

英国心理学著作《天生非此》中有这样一个概念："爱的炸弹。"即在某段时间里，在可能的范围内尽量满足孩子的愿望。比如，周末短短几个小时，让孩子体验一把"啥都可以干"的时刻，这要求父母放下所有的控制、指责和教训。这种方法可以很好地释放"熊孩子"内心的好动欲望，还可以极大地释放孩子内心的压力，让孩子体会到彻底的安全感和爱的笼罩，从而变得平和淡定。

3.收放自如

陪孩子"疯"不等于无底线地纵容，要做到包容而不宠溺，让孩子自觉而知分寸，做到疯时尽兴，收要守则。

大型育儿亲子真人秀节目《超级育儿师》中有个5岁的女孩，她每晚和大人疯到十一二点才肯睡觉，否则就大哭大闹。父母忍无可忍，只好和女孩约法三章：可以疯，但每晚9点之前必须睡觉。一开始，女孩哼哼唧唧不肯上床，但爸爸妈妈把她抱回房间，任由她哭闹。几天之后，女孩放弃了挣扎，开始乖乖入睡。

一辈子说长不长，说短不短，家长陪孩子疯、陪孩子闹的时间更是有限。美国演员杰森·莫玛曾说："我算了算，我能陪孩子的时间最多只有5年，之后他们就长大了，我不再是他们世界的中心了。所以我决定待在孩子们身边。"孩子的每一天都是无法重播的电视剧，请家长珍惜和孩子尽情疯玩的时光吧！

接纳孩子，接纳不完美的自己

有个女孩是北京市某所重点中学的学生，这个孩子学习成绩名列前茅，而且孝敬长辈、礼貌待人，是很多人眼里的"别人家的孩子"。可是，在女孩妈妈眼中，她仍然是一个不够优秀的孩子。

在一次家庭聚会中，这位妈妈竟然不顾女儿的面子，当众跟在座的朋友说："虽然我闺女各门功课成绩优秀，讨人喜欢，但是她还有很多缺点……"

此言一出，有人就注意到女孩的脸色不太对劲，她的身体也开始不自然地摇晃。她在那里坐也不是，走也不是，只能低着头听妈妈讲那些刺耳的话。

而她的妈妈似乎并未察觉，只顾自己一吐为快："我的女儿身体协调性很差，跑步的姿势很难看，体测成绩很差……"

在众人眼中再完美无瑕的孩子，在其父母眼中也会有缺点，也会有让人不满意的地方。或许是父母担心对孩子的溢美之词太多，孩子会产生骄傲情绪；或许是父母期望值太高，想要求孩子更完美。可不管怎样，父母无法接纳孩子的不完美，终究会让孩子产生心理压力，这种压力累积起来还会影响孩子性格的塑造。

有个高中的孩子说："小时候有段时间，我的字写得不好，每次妈妈都会批评我，甚至将我之前写的字撕下来，贴在我的桌子上，叫我每天对照着看。这让我每次写字时都压力很大，生怕写错字，结果越写越差。"

还有个初中的孩子说："本来我很喜欢做数学题，有一次考试只考了70多分，因此被我爸揍了一顿，之后每次做数学作业时，只要我爸站在我旁边，我的脑袋就一片空白……"

金无足赤，人无完人。孩子有不足是再正常不过的事情，如果父母能够接纳孩子的不完美，适时给予鼓励而不是制造压力，相信孩子会变得更好。

世上没有完美的人，每个孩子都是独一无二的，做父母的只有懂得接纳孩子，发现孩子的闪光点，才能帮孩子把自己的优势发挥得淋漓尽致。因为接纳孩子特别是接纳孩子的不完美，承认孩子的不足，是帮助孩子完善自我、提升自我的前提。

那么，想要接纳孩子应该怎样做呢？

1.调整对孩子的期望值

很多时候，父母之所以觉得孩子不完美，是因为对孩子期望太高，甚至有点儿不切实际。但孩子的成长过程，是一个不断改善不足、完善自我的过程，要永远记住这样一句话：孩子走三步，才能赶上大人一步。因此，千万不要用大人的眼光看待孩子，用大人的标准要求孩子，父母要做的是调整对孩子的期望值，让孩子"跳一跳，够得着"，从而让孩子体验到成功的喜悦，进而激发孩子的自信心和积极性。

2.理解并体谅孩子的过失

孩子的成长是一边犯错、一边改错的过程。当孩子犯错时，父母如果能够多一些耐心和包容，心平气和地跟孩子讲道理，并分析孩子的过失，找到解决的方法，相信孩子是可以改正错误的。如果只是一味地抱怨、苛责孩子，不但无法帮孩子减少犯错，反而会让孩子压力重重，犯错更多。

3.接纳并尊重孩子的个性

世上没有两片相同的树叶，每个孩子都是独一无二的。因此，你把别人对自己孩子的要求拿来要求你的孩子，这种做法是愚蠢的。很多父母看到的都是别人家孩子的好，是因为他们看问题比较片面，殊不知，别人家孩子也有让父母头疼的地方。所以，学会接纳并尊重孩子的个性，因材施教，才能让孩子顺利成才。

每个孩子都像一枝花，只是花期不同而已，不要见别人栽培的花开花了，而自己的花还没动静就着急，要相信每种花都有自己的花期，只要细心呵护，精心栽培，给它时间，终有一天，它会绽放美丽。

在这里需要提醒广大家长的是，在无条件接纳孩子不完美的同时，还需有条件接纳孩子的不良行为。因为无条件接纳会让人误以为是什么都可以包容孩子，其实我们无条件接纳的是孩子的情绪体验，包括挫败感、恐惧、愤怒、伤心等，但对孩子不良行为的接纳是有条件的。比如，孩子不守规矩，不懂礼仪，不讲礼貌，这些必须严格要求。再比如，表达生气可以，但不能因生气而摔东西或打人。

最后，忠告所有父母，接纳孩子的不完美，实际上也是在承认自己的不完美、接纳自己的不完美，其实也是在宽容自己。因为作为父母，哪怕你已经足够好了，也是不可能达到完美境界的。所以，大家不必苛求自己，要收起焦虑和自责，以从容的心态对待孩子的成长问题，要相信对孩子情感上的真诚比任何教育技巧都管用。

牵着蜗牛去散步——教育是慢养的艺术

这是一个时间宝贵、效率至上的年代，也是一个匆忙得让人焦虑的时代。生活在这样的时代洪流中，每个人都像巨大的水泥搅拌机里的石子，身不由己、跌跌撞撞地跟着快速运转。这样的匆忙和催促，也在无形中影响到家长对孩子的教育。

看看如今的一些孩子，肩头背着沉重的书包，鼻梁上架着厚厚的镜片，佝偻着腰，目光呆滞，看着就让人心疼。学校附近随处可见的"某某早教班""某某学习速成班"，让很多家长看后不禁心头为之一颤，忍不住催促孩子"快点儿"，快点儿懂事、快点儿学习、快点儿长大。

然而，盲目地催促孩子，只追求速度，不看孩子进步和成长的过程，会让家长和孩子错失很多人生的美丽风景，更让他们和孩子相处的过程变成了相互折磨的过程。他们觉得孩子不听话、让人操心，孩子则觉得父母要求太多、太高，太让他们烦心。

老话说："十年树木，百年树人。"古人早已悟出其中的道理，如今的家长却把这其中的育儿智慧抛诸脑后。冷静下来想一想，教育孩子不就是一个慢养的过程吗？慢养意味着家长教育孩子要有长远眼光，不贪求一时的速度与效率，不急于为孩子塑形。因为每个孩子都是一张白纸，都拥有无限可能；慢养意味着家长要尊重孩子的个性差异，不给孩子施加成长的压力，不对孩子揠苗助长；慢养意味着家长不仅要尊重孩子成长的规律，也要对孩子保持充分的自信，让孩子做更好的自己。

慢养就像牵着蜗牛散步，让孩子按照自己的步调和频率前行，家长要拿出足够的耐心陪伴他、关爱他，让孩子自然而快乐地成长。对此，台湾作家张文亮曾写过一篇饱含育儿哲理的诗歌《牵一只蜗牛去散步》，我们不妨看看其中的片段，感受一下慢养是怎样的一种画面。

上帝给我一个任务，叫我牵一只蜗牛去散步。

我不能走太快，蜗牛已经尽力爬，为何每次总是那么一点点？

我催它，我唬它，我责备它，

蜗牛用抱歉的眼光看着我，仿佛说："人家已经尽力了嘛！"

我拉它，我扯它，甚至想踢它，

蜗牛受了伤，它流着汗，

喘着气，往前爬

……

让蜗牛往前爬，我在后面生闷气。

咦？我闻到花香，原来这边还有个花园，

我感到微风，原来夜里的微风这么温柔。

慢着！我听到鸟叫，我听到虫鸣。

我看到满天的星斗多亮丽！

咦？我以前怎么没有这般细腻的体会？

我忽然想起来了，莫非我错了？

是上帝叫一只蜗牛牵我去散步。

　　教育孩子就像牵着一只蜗牛在散步，去和孩子一起经历、感受那稚嫩的童心和活力四射的童年。虽然有时会被气疯，会失去耐心，变得暴躁，但孩子却在不知不觉中向我们展示生命中最美好的一面。孩子的眼光是率真的，视角是独特的，陪孩子静静体味生活的滋味，倾听孩子内心的声音，再留出一点儿时间思考自己的人生，这其中的受益者何止是孩子呢？千万不要等到有一天你忽然发现孩子长大了，才感慨从前的时光走得太匆忙，后悔自己没有用心享受孩子成长的过程。

　　孩子的成长是一个浇水、施肥、静待花开的过程，绝非一蹴而就。家长不要担心孩子输在起跑线上，因为人生路漫漫，绝不是一场短跑比赛，而是一场超级马拉松比赛。试问，你见过马拉松比赛有人抢跑吗？在马拉松比赛中，起跑太着急、太匆忙，后面很容易疲劳，最终可能无法坚持到底。所以，遵循自然成长法则，让孩子按照自己的节奏去成长，孩子才能做最好的自己。

那么，怎样发挥慢养的艺术呢？

1.心灵上的慢养

慢养首先要在心灵教育上下功夫，比如家长不能急着让孩子去分享、去谦让。别忘了，孩子在成长路上建立"我的"物权意识非常重要，只有先让孩子明白什么东西是"我的"，他才能分清什么东西是"你的"，从而进一步明白分享的概念。

心灵上的慢养要求家长减少对孩子情感释放的控制，比如孩子伤心了，有些家长呵斥孩子："不许哭，男子汉有什么好哭的？"这样做会严重影响孩子负面情绪的表达和发泄，是不利于孩子心理健康成长的。

心灵上的慢养还要求家长不能替孩子做决定，因为做决定的过程是孩子心理成长的过程，是孩子有自信、有主见、有担当的优秀品质发展的过程。给孩子做决定的机会，尊重孩子的选择才能让孩子懂得对自己负责。

心灵上的慢养还要求家长懂得包容孩子的错误，因为错误并不可怕，相反，认识错误、改正错误恰恰是孩子学习和进步的契机。包容孩子的错误，引导孩子认识错误、改正错误，孩子才能变得更出色。

2.学习上的慢养

儿童心理学家认为，孩子的学习是有敏感期的，当不同的敏感期到来时，家长给孩子提供适当的条件，不给孩子施加压力，不剥夺孩子学习的权利，孩子自然容易取得更好的学习效果。但如果分不清学习敏感期，盲目要求孩子学这学那，那么孩子很可能会感到学习吃力、枯燥，甚至觉得学习是一件痛苦的事情。因此，学习上的慢养要求家长尊重孩子的学习敏感期，在相应的敏感期给孩子提供相应的学习内容，引导孩子去学习他们感兴趣的东西，这样孩子不但学得开心、学习效果好，而且想象力和创造力都可以得到很好的激发。

美国应用数学家、控制论创始人诺波特·维纳3岁能读、会写，14岁大学毕业，18岁完成博士论文答辩。然而，如此优秀的孩子，却被其父亲"慢养"。父亲不准别人称呼维纳为"神童"，更不允许维纳提前进入哈佛大学，他经常告诫维纳："不要急于求成，年轻时多学东西比多出成绩对你更有帮助！"

维纳的故事告诉我们，学习上的慢养是一门艺术，它要求家长充分尊重孩子的学习能力，着重培养孩子的专注度、学习兴趣，帮孩子养成良好的学习习惯，强调孩子的努力而不是结果，这样才能让孩子变得更优秀。

第 7 章
家校结合，一起为孩子减压

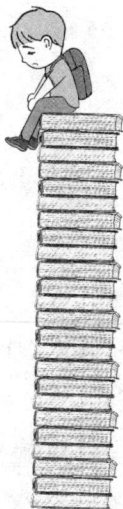

苏联著名教育家苏霍姆林斯基说过："学校教育必须要有家庭教育的配合，家庭教育既是学校教育的基础，又是学校教育的延续与升华。"在各方面压力居高不下的今天，家庭与学校相互配合，才能全面地为孩子减压，让孩子健康成长。

家校合作是最完美的教育

　　每个孩子一生都要接受三种教育，即家庭教育、学校教育和社会教育。家庭教育是孩子一生成长的起点和基石，父母是孩子的第一任老师。学校教育是家庭教育的延伸和强有力的补充，有了它孩子才能更好地接受社会教育。因为学校教育集中体现了我国教育的基本方向，对学生德、智、体、美、劳的全面发展有着全面而系统的影响。家庭教育和学校教育保持一致，才能共同促进孩子在品德、学业、身心等方面更好地发展。所以，父母要支持学校、配合学校。

　　苏联教育家苏霍姆林斯基曾讴歌赞美家校合作，称它们是最完美的教育。之所以这么说，有以下两个原因：

　　首先，家校合作有利于促进孩子健康成长。

　　我们知道，低年级的孩子自我约束力比较差，在学校容易出现违反校规的行为，这需要老师和家长共同督促；孩子的家庭作业完成情况或其他行为表现，也需要家长配合、协助老师去监督。当孩子出现不良行为时，家长和老师需要及时反馈、沟通，以便对孩子的行为进行修正、强化，这样才能逐渐培养起孩子良好的行为习惯和意志品质。

其次，家校合作有利于提升孩子的学习成绩。

有位语文老师说，她建议从一年级开始就应当对学生进行阅读能力的培养。有一次，她利用开家长会的契机向家长提出了这一想法，还把阅读书目提供给大家，希望家长每天陪着孩子阅读。这项活动得到了大部分家长的配合，但有些家长却认为这是在占用他们的时间，认为陪伴孩子是一种负担。虽然这位语文老师多次与这些家长沟通，强调阅读的好处，但不愿意陪伴孩子阅读的家长依然不接受这一建议。

随着时间的推移，到了三年级时，有家长陪伴课外阅读和无家长陪伴课外阅读的孩子，在语文能力上拉开了差距，前者在阅读理解、看图写作等方面，无论是用词、造句还是构思，都明显优于后者。

如果说学校是孩子学习和成长的主要阵地，那么家庭就是孩子学习和成长的大后方。因此，学校教育和家庭教育是紧密相连的，学校教育是直接的、具体的，家庭教育是基础的、宏观的，具有"随风潜入夜，润物细无声"的效果。通过家庭教育培养孩子好的学习习惯，对提升孩子的学习成绩意义非凡。

所以，家长一定要认识到家校合作才能共育英才，家校合作才是最完美的教育。为此，要积极树立以下教育理念：

1.树立共同成长的理念

作为家长，在对孩子进行家庭教育的时候，一定要树立与孩子共同成长的理念，做一名"喜欢陪伴孩子，乐于和孩子沟通，尊重孩子兴趣爱好，致力于创造和谐家庭氛围"的好家长。

2.树立因材施教的理念

所谓因材施教，是指教师、家长要善于从孩子的实际出发，针对孩子的个性特点和接受能力，使每个孩子的才能、品行获得更好的发展。这要求教师、家长善用"放大镜"看待孩子的闪光点，激励孩子变得更优秀；善用"墨镜"淡化孩子的缺点，引导孩子扬长补短。这样才更有利于燃起孩子的自信心，激发孩子的好奇心，让孩子获得源源不断的学习动力。

要想培养出一个优秀的孩子必须加强家校合作。从家长角度来看，加强家校合作，加强家校沟通，可以及时了解孩子在校的情况，有效配合学校纠正孩子存在的问题。因此，建议广大家长做到再忙也要回复老师的信息、再忙也要重视与老师的沟通。

很多家长都有这种体会：每天都能看到孩子的班级微信群里消息不断，不是作业通知，就是注意事项……一开始还会及时回复，可时间长了，就见惯不怪了，对老师发的信息也不予重视。殊不知，老师和家长都很忙，没有时间逐个面对面沟通，这些信息是老师与家长沟通的良好契机。因此，即使你工作再忙，也要抽时间回复消息，这是对老师最起码的尊重，也是对家校合作这件事最起码的重视。

特别是当老师向家长反映孩子存在某些问题时，家长更应该及时回复老师，与老师积极沟通，必要时去学校一趟，和老师面对面沟通孩子存在的问题，一起商量教育对策。相信只要家长积极配合学校、积极与老师沟通，家校合作就会取得良好的效果。

主动找老师了解孩子的在校情况

  很多父母认为自己是最了解孩子的，毕竟自己是孩子的第一任老师。可实际上，在孩子进入学校后，最了解孩子的可能是老师，因为孩子早上去上学，晚上才回来，每天与老师接触的时间很长。因此，老师很清楚孩子在校的表现，至少在学习方面老师所掌握的情况比父母要多。所以，如果父母想了解孩子在校的表现，最好的办法是主动与老师沟通：

  "我的孩子上课听讲专心吗？"

  "我的孩子最喜欢哪门课？最不喜欢哪门课？"

  "我的孩子在课堂上发言积极吗？"

  "我的孩子和同学相处得怎么样？人际关系好吗？"

......

说到主动找老师了解孩子的在校情况，不少父母都有这样那样的思想包袱，比如担心会打扰老师，会给老师添麻烦，还怕与老师沟通的时候暴露孩子在家的不良习惯，让老师对孩子产生不好的印象。最后，他们会自我安慰说："老师没找我，说明我的孩子在校的情况还不错，如果有大问题，老师一定会找我的。"于是，就索性不和老师沟通了。

其实，父母的担心完全是多余的，所谓的"担心打扰老师"，只要选对时间段，是不必多虑的；所谓的"给老师添麻烦"也只是片面的理解，实际上家校多沟通，对管教孩子是有好处的，并不会给老师添麻烦；所谓的"怕暴露孩子在家的不良习惯"，这种担忧也是多余的，家长多和老师沟通可以让老师更全面地了解孩子，并不会让孩子在老师心目中的印象打折。所以，如果你想了解孩子在校的情况，那就大方、坦然地与老师沟通吧！因为这样做至少有三个好处：

首先，向老师传递"积极合作"的信号，表明你是一个负责任的家长，很在意孩子在校的表现，也愿意配合老师一起去教育孩子。其次，便于及时说出自己在家庭教育方面遇到的困难，让老师给你提提建议。再者，可以和学校互通信息，保持家校教育方向的一致，让老师全方位地了解孩子，掌握孩子成长中的动态信息。

那么，怎样向老师了解孩子的在校情况呢？以下几点需要注意：

1.选择恰当的沟通时间

与老师进行一次充分的沟通至少需要十几分钟，为了不打扰老师上课，你最好先了解各科老师的课程表，选择在老师没有课务且你有充裕时间的时候与老师进行沟通。如果老师的课务集中在上午或下午，那么你最好选择老师无课务的半天时段去沟通。

老师除了上课，还要经常性地批改作业，为了不打扰老师批改作业，你在与老师沟通前，最好给老师发个信息，"老师，我是××学生家长，请问您有空吗？我想和您聊聊孩子在校的情况！"看老师是否有时间与你沟通，或让老师确定一下时间。

特别要注意的是，一般来说晚上9点之后，最好不要再跟老师沟通孩子的事情。因为这个时段属于老师的私人时间、休息时间，不要轻易打扰。

2.选择恰当的沟通方式

与老师沟通孩子在校的情况，你既可以通过电话与老师沟通，也可以面对面与老师沟通，具体选择哪种沟通方式，要视具体情况而定。如果只是常规性地了解情况，可以打个电话，或者在接送孩子时碰到老师了，简单地聊几句。如果孩子出现较为严重的问题，如学习成绩下滑严重，学习态度、思想状况波动较大，那么你最好和老师约个时间，进行深入地沟通。

3.明确具体的沟通内容

在与老师沟通之前，最好有较为明确的主题，而不是毫无目的地泛泛而谈。通常来说，家长最想了解孩子的不外乎学习情况、人际交往、身体健康等几个方面，其中学习情况往往是家长最关心的，如学习习惯、学习态度等。当然，你也可以把孩子在家的表现反馈给老师，向老师寻求教育心得。

4.要有良好的沟通态度

尊敬师长，是中华民族的传统美德。老师是辛勤的园丁，理应得到家长的尊重。因此与老师沟通的时候，一定要保持良好的态度，切莫对老师傲慢无礼，特别是在孩子成绩下滑、人际关系糟糕或表现不佳时，带着不满情绪指责老师，认为这都是老师管教无方的结果。具体来说，家长最好做到这样几点：

（1）要肯定老师的辛勤付出，感谢老师一直以来对孩子的关照，告诉老师你和孩子都非常喜欢他、信任他，这对老师是非常好的肯定。

（2）多跟老师谈谈孩子校外的情况，如喜欢看课外书、喜欢运动，因为老师越了解孩子，就越容易针对孩子的特点因材施教。

（3）评价自己孩子的时候多用正面语言，比如，老师反映孩子上课爱讲话，你可以先认可老师的说法，然后从正面的角度去解释："我的孩子确实是爱讲话，他太爱表达了，我希望他能控制好自己，请问老师有什么建议呢？"而不是负面地回应："是啊，我的孩子太烦人了，整天说个不停！"这样难免会给老师负面暗示，让老师觉得你的孩子的确是个麻烦。

（4）多倾听，少打断。当老师描述孩子在校的情况时，切忌打断、插话，因为这样做既不礼貌，也会影响老师沟通的意愿，不利于你更全面地了解孩子。

5.要进行有效的二次反馈

一次沟通只是了解情况，针对具体情况进行的教育是否能收到预期效果呢？这还需要你给老师有效的二次反馈，这样才能让老师看到你孩子的变化，也是对你孩子和老师的肯定。从这一点来看，和老师多联系、多沟通是非常有必要的，这也是家校配合的重要方式。

孩子压力大不想上学怎么办

有一个女孩，小学阶段成绩非常好，小学毕业后她以优异的成绩考入当地的实验中学。进入中学后，由于课程增多、知识难度增加，而且同班同学都是各校区的尖子生，加之老师的教学方法与以往不同，女孩感到学习压力倍增，学习成绩也逐渐下滑，这让她对学习越来越没有信心。让女孩更难过的是，父母不但不理解她的处境，还经常批评她学习不努力，导致女孩出现了较为严重的厌学情绪。

一天，女孩承受不了压力离家出走了，后经几番周折，才在当地民警的帮助下被家人接回家。在被问到为什么要离家出走时，女孩说："我每天早上6点多起床，放学后有写不完的作业，晚上11点才能睡觉。虽然很苦，但我并不怕，我怕的是成绩下滑时老师叫家长到学校，这让我压力巨大，我不想让父母失望。"

在我们身边，因压力大不想上学的孩子并不少见。说到压力大，不外乎这样几种情况：

第一种情况：个人理解能力较差，跟不上老师的讲解，上课听不懂，课后作业不会写，上学变成了一种煎熬。

第二种情况：学习习惯不好，作业经常不按时交，屡次被老师责罚，或要求叫家长来学校，孩子为此感到紧张。

第三种情况：交际能力差，人际关系紧张，动不动就和周围同学发生矛盾和摩擦，上学成了一件不开心的事。

第四种情况，父母对孩子期望过高，当孩子成绩优秀时，父母认为那是应该的；当孩子成绩下滑时，父母不由分说地批评、责怪，让孩子既感到压力巨大，又觉得心里委屈，学习积极性骤降。

面对种种原因引起的孩子心理压力大，不想上学这一现状，身为家长的我们应该怎么办呢？

1.了解原因

很多家长只知道孩子压力大，不想上学，但并不清楚孩子为什么会厌学。于是，只是一味地跟孩子苦口婆心地讲道理，不但收效甚微，反而会让孩子更烦躁、更逆反。其实，家长首先应该了解清楚孩子压力大的原因，是与同学相处得不愉快，被同学排挤了？还是学习跟不上，太吃力？或是作业太多，产生疲惫感？只有弄清楚孩子压力大、不想上学的原因，才能对症下药，重新激发孩子上学的热情。

在这里，要特别提醒家长们：不要想当然地认为孩子压力大、不想上学，就是学习成绩不理想导致的。事实上，孩子在班集体中的人际关系怎么样，也会直接影响孩子学习的兴趣和上学的热情，只有当孩子得到大家的认同，能够和大家打成一片时，孩子才会觉得学校是一个温暖的大家庭，孩子才会热爱上学、热爱学习。因此，平时要多了解孩子在校的人际关系，了解孩子和大家相处得是否开心。

2.杜绝打骂

当发现孩子出现厌学情绪时，家长千万不能打骂孩子，或把孩子批评得一无是处。要知道，父母这样做不仅起不到积极作用，反而会把孩子逼得离父母越来越远，让孩子彻底失去与父母交流的意愿，让孩子对上学这件事更加厌恶。所以，奉劝家长们，在处理孩子厌学情绪时，要保持良好的心态，切忌打骂孩子。

3.理解孩子

就像大人们上班遭遇不愉快的事情，也会产生讨厌上班、不想上班的想法一样，孩子在学校遭遇不愉快的经历，比如学习任务重，或与同学闹矛盾被老师批评时，也会产生不想上学的情绪。这时家长应该尽量与孩子站在平等的角度，对孩子的心情表示理解，与孩子悉心交谈，告诉孩子："学习有点儿累是正常的，爸爸妈妈能够理解你的心情，就像我们上班也会觉得累一样，有时候也不想上班，可是为了生活，为了肩头的责任，我们还是选择继续努力，而且还要开心地继续上班……"

4.适当放松

如果孩子厌学情绪严重，家长可以视具体情况给孩子请个假，带孩子外出放松一下,让孩子好好调整一下心情,然后再制订返校计划。家长还可以满足孩子当下最想实现的某个愿望,比如来一场说走就走的旅行,打一场酣畅淋漓的球赛,爬一次山,来一次户外露营等。总之,在让孩子身心放松的同时,还要让孩子感受到父母的宽容和爱,以感染孩子、激发孩子重回校园的热情。

孩子和老师产生了冲突怎么办

（一）

这天，蒋女士接到儿子韩韩班主任老师打来的电话，老师说韩韩上语文课的时候私下里讲话，且屡教不改。第一次发现韩韩讲话，老师只是点了他的名，但韩韩不为所动；第二次韩韩讲话，老师让他站起来，结果他站起来伸了伸懒腰。老师很生气，就让韩韩站到走廊上，韩韩慢悠悠地走，老师就在后面用力推了他一把，结果他怒气冲冲地说："老师，你推我干吗……"老师让韩韩反思一周并写检查，但韩韩拒绝写，最后语文老师把情况反映给班主任老师。

（二）

蒋女士得知儿子和老师产生冲突后，是这样做的：

闭上眼睛，足足花了5分钟时间才让自己的情绪冷静下来。

这5分钟她是暴躁的，因为她觉得儿子在学校惹麻烦了；

这5分钟她是失望的，因为她觉得儿子太不尊重老师了；

这5分钟她是自责的，因为她觉得是自己平时缺乏对孩子的管教；

这5分钟她是急切的，因为她心中有一股强烈的处理这件事的冲动。

最后，她还有一点儿小小的期待，期待和儿子一起来面对这件事。

随后，她出门去接儿子放学。

（三）

接到儿子后，蒋女士什么也没说，儿子也一直沉默。回到家后，儿子直接把自己关进房间，蒋女士则照常做饭，她知道要给彼此足够的时间去冷静、去思考。吃完晚饭，把一切收拾好之后，蒋女士敲了敲儿子的房门，轻轻坐在床边，温柔地对儿子说："儿子，妈妈想跟你聊聊，可以吗？"

儿子回答得很干脆："可以！"

蒋女士关切地问："今天是不是吓着你了？老师当着全班同学的面说你扰乱课堂秩序，让你回家反思一周！"

儿子没有转过头来看妈妈，但蒋女士看见儿子在努力控制泪水，说："没有啊。"

"跟妈妈说说今天发生的事情吧！"

"老师太不公平了，我前排的同学也讲话了，为什么不让他站起来，为什么单单惩罚我？这不公平！"

耐心听完儿子的讲述，蒋女士拍了拍儿子的肩膀说："从你身上我看到了自己小时候的样子，你是那样真诚，是那样敢于表达。"

顿了一会儿，蒋女士继续问："那你上课讲话了吗？"

"讲了。"

"那老师让你站起来有错吗？"

"没有，但是为什么别人不用站起来？"

儿子突然情绪上来了，只见他怒目圆睁、咬牙切齿、紧握拳头、喘着粗气，有些语无伦次，"不公平，就是不公平……是不是觉得我好欺负……"

蒋女士知道儿子在发泄心中被压抑的情绪，就什么也没说，任由他发泄和抱怨。过了一会儿，她把儿子搂在怀里，让他肆意地哭。10分钟后，儿子冷静下来了。

（四）

蒋女士温柔地说："为什么是你呢？我也不知道，也许因为你是班干部，老师觉得你应该以身作则，所以老师特别惩罚你；也许老师觉得你平时表现非常优秀，不应该出现这样的行为。所以，老师愿意花时间和精力纠正你的不良行为。"

过了一会儿，蒋女士接着说："其实整个事件中，老师给了你很多次机会，如果老师点你名的时候，你马上停止讲话，认真听讲，就不会有后面的事情；如果老师让你站起来时，你好好站着，或承认错误，老师也不会让你难堪……当然，老师也有不当之处，比如不该用力推你，因为你本来就很没面子了……"

（五）

蒋女士问儿子："现在你准备怎么办？还回去上学吗？需要妈妈

做什么？"

儿子撇撇嘴说："回不去了，老师要我反思一周。"

蒋女士知道儿子还是想回去上学的，马上说："没事，只要你想回去，咱们一起想办法，表明态度，写个检讨，给老师认个错。"

"不知道怎么写的话，妈妈可以教你。"

就这样，在蒋女士的帮助下，儿子写了一篇态度诚恳的检讨，最后得到了老师的原谅。

当得知孩子和老师产生冲突时，很多家长往往也会很激动。在这种情况下，他们最常见的处理方式有两种：一种是与孩子站在同一阵营，对老师表达不满；另一种是与老师站在同一阵营，对孩子说："老师都是为你好！你要理解老师，体谅老师。"

这两种处理方式，无论哪一种都无法引导孩子形成独立、成熟的人格。第一种处理方式无形中教孩子遇到问题找别人的原因，把责任归咎于他人，而不是自我反省。第二种处理方式则无法让孩子感受到父母的支持与关爱。

其实，孩子与老师产生冲突是正常的，特别是青春期的孩子，尤其是男孩子。因为这个时期的孩子独立意识强烈，想要通过特立独行来证明自己长大了，也希望可以尽情地做自己。因此，这个阶段的孩子容易做出一些让老师理解不了、接受不了的行为。而老师作为教育者，往往不会坐视不管，可是一管就容易引起孩子的抗拒、叛逆，就容易产生冲突。

一般来说，在学校容易与老师发生冲突的孩子，在家里往往也容易与父母及其他长辈发生冲突。对孩子而言，老师和家长都是权威的代表，孩子认为向他们挑战才能证明自己长大了，这就是孩子叛逆的思想根源。因此，可以抓住孩子与老师或家长产生冲突的契机对他进行正确引导，这样更容易取得效果。

那么，当孩子和老师产生冲突时，我们应该怎样去调解冲突，化解孩子心中的负面情绪呢？

1.先处理好自己的情绪

当得知孩子和老师产生冲突时，家长首先要处理好自己的情绪，冷静地和孩子进行沟通，切忌上来就和孩子讨论是非对错，急于解决问题。因为这个时候孩子需要一个能够体贴他、认同他，与他平等沟通的人，这样他心中的委屈和不满才会慢慢消融。关于这点，我们可以通过案例第二部分看出来，蒋女士在冥想5分钟后，终于让自己的情绪平复了下来。

2.认真了解事情的原委

在案例第三部分，蒋女士和儿子一番聊天，很好地了解到师生冲突的原委，让孩子尽情地宣泄内心的不良情绪，确保孩子的情绪不被压抑。这一步为后面的沟通和引导打下了很好的基础。

3.说出你对整件事的看法

当孩子真正冷静下来后，家长要做的是说出自己对事件的看法，引导孩子客观分析事情及解决办法。这一点在案例第四部分得到了很好的体现，蒋女士客观指出儿子的错误，同时并不回避老师的问题，这样可以有效地平衡孩子内心的不满，让孩子心服口服。这也提醒我们家长，在分析、评价一件事的时候，可以先站在孩子一边，让孩子感受到你的支持或公平的态度。这样你给出的建议才可能被孩子接纳。

4.引导孩子自我负责

在经历了前面几个步骤后，家长应该和孩子一起思考怎么善后，即怎样处理事件造成的不良影响。这样才能达到处理孩子与老师冲突的目的，让孩子从事件中吸取教训，获得成长，让孩子真正学会对自己的行为负责。比如，该向老师道歉，就要态度诚恳地道歉，以缓和师生关系；该改正自己的不足，就要认真地完善自己，这样孩子才会变得更好。

当孩子被要求请家长怎么办

"×××的家长，你来学校一趟！"作为家长，当你突然接到老师的邀请电话时，你会怎么想呢？你会不会胡思乱想，猜测孩子肯定闯祸了？尤其是老师不肯告诉你事由，只是对你说"你来学校就知道了"时，你是不是更加忐忑不安？毕竟孩子在学校犯了错误，惹出乱子，家长面对老师可是要赔礼道歉、做出保证的，那种滋味可不好受。因此，不少家长在被老师请到学校时，往往觉得有失面子，于是情绪激动，对孩子的批评教育也变得非常粗暴。

有个男孩上课时注意力不集中，特别爱私下里讲话，成绩也一直不理想，班主任老师要求他把家长叫到学校。第二天上午，男孩妈妈来到班主任老师的办公室，在与老师沟通情况的时候，妈妈一直情绪激动地诉说孩子的缺点和问题，这令一旁的孩子感到很不安。下午放学前，男孩又找到老师说："妈妈很生气，我不敢回家，怕挨打。"

下午放学时，男孩的妈妈来学校接他，班主任老师特意把男孩送到校门口，本想向男孩的妈妈交代几句，提醒她回家别打孩子。然而，随后的情况让老师大跌眼镜：妈妈见男孩走了过来，不由分说地扇了他一耳光，还恶狠狠地说："回家再跟你算账！"说完，对班主任老师连招呼都没打一声，就走了。

冲动、粗暴、怨气满满，这是案例中的家长给人留下的印象，遗憾的是这样的家长并不少见，而家长错误的处理方式对孩子带来的负面影响是可怕的，可能会造成孩子恐惧、厌恶上学，等等。因此，当孩子被请家长时，家长务必要控制好情绪，保持冷静和理智，先把事情的前因后果了解清楚再说，以免误解了孩子，让孩子感到委屈。

要知道，孩子除了在校出现各种问题时被叫家长，表现出色时也可能被叫家长。如果家长听到老师"传唤"，就情绪失控，冲动、粗暴地对待孩子，那岂不是太莽撞了？

有位家长谈到被老师叫家长时，讲了这样一件事：

那天，我上班的时候接到儿子班主任老师的电话，老师叫我下午去学校一趟，想和我谈谈儿子的情况。当时我心里"咯噔"了一下，马上问老师："孩子在学校闯祸了？"因为我儿子平时比较淘气，进入青春期后还特别叛逆和敏感，所以我有一种不好的预感，但老师只是说："下午来学校再说！"

下午，我请假赶到学校，在办公室见到了儿子，发现儿子嘴角有伤，脾气向来急躁的我正准备伸手打儿子，还好老师反应快，拦住了我。在老师一番解释后，我终于明白了这一切。

原来，儿子班里有个孩子耳朵先天畸形，因此他经常被人嘲笑和欺凌。这天儿子撞见几个同学欺负那个孩子，于是上前阻止，结果发生了冲突。幸亏老师及时介入，才没让事态升级。至于为什么请我去学校，老师的解释是："怕孩子带着伤回家解释不清楚，引起不必要的误会。"

这个案例提醒大家，当孩子被老师请家长时，切勿想当然地认为孩子闯祸了。也许孩子有你意想不到的惊人之举呢？也许孩子有让你眼前一亮的突出成绩呢？记得有个女孩被老师请家长，家长以为孩子闯祸了，可到学校后却被告知：孩子瞒着家人参加了市里的绘画比赛，还获得了一等奖，奖品是一辆折叠自行车，孩子不会骑自行车，只好让老师把家长叫到学校，然后再把自行车带走。

通过这些事例不难发现，作为家长的我们，经常因为自己对孩子狭隘的认知而情绪失控。其实只要我们不先入为主，不想当然地揣测，并按捺住性子，慢慢了解事情原委，就可以避免误解孩子、伤害孩子。

那么，当孩子被老师请家长时，家长具体应该怎么应对呢？来看以下两点建议：

1.淡定看待，坚持先了解真相、再教育孩子的态度

不论孩子优秀与否，守纪律与否，一贯的表现怎么样，家长都要改变固有的认知，即每次被老师请到学校时，都要保持心态平和，坚持先了解事情真相、再教育孩子的处理方式。切勿不分青红皂白就对孩子进行打骂，因为这对孩子来说是一件非常伤自尊的事情，一定要避免这种情况发生。

2.耐心沟通，询问并认真倾听孩子最真实的想法

当家长被老师请到学校时，家长可能了解到一些意想不到的情况，比如，孩子在家乖巧听话，在学校却顽固叛逆；在家说作业写完了，实际上却没有写作业；在家和父母说的情况，与老师反映的情况大不相同。遇到这些情况时，家长有必要重新认识孩子，反思孩子为什么不敢和自己说真话，是不是自己没有给孩子讲真话的机会？还要多问孩子"为什么"，听听孩子的心里话，因为孩子需要倾听。

当孩子在学校遇到霸凌怎么办

近些年来，校园霸凌现象愈演愈烈，甚至已经成为一种严重的社会问题。我们来看下面的几个案例。

（一）

2015年5月8日，一则"安徽怀远某小学12岁的副班长向同学索要钱财并逼同学吃屎喝尿"的消息受到了广大网友的关注。经查明，安徽怀远县某小学13岁的副班长小赐因为有检查同学作业、监督同学背书的权力，为此经常向多名同学索要钱财。钱给不够，就逼迫他们喝尿吃屎。

（二）

2016年12月，北京一位学生家长爆料，他的儿子斌斌（化名）被同学扔厕所垃圾筐，尿和擦过屁股的纸洒了孩子一身。据介绍，斌斌是班里的体育委员，同学鹏鹏（化名）觉得斌斌当体育委员的时候管他太多，于是心生怨恨，就以此方式打击报复。

（三）

2018年10月16日，网上流传出一个围殴事件的视频。视频中，一名男生站在墙角，遭遇多名学生围攻，拍视频的学生还不断地提醒大家："挡到镜头了，让一让！"后经调查发现，这起校园暴力事件发生在石家庄赵县某中学，暴力实施者和受害者均为该校学生。

每次看到类似的新闻，作为家长的我们都痛心疾首。因为平时在家里，我们连孩子碰着、磕着了都心疼得不得了，可突然间得知孩子被人恶意伤害，肯定心如刀绞。一方面恨不得替孩子承受身心的伤痛，另一方面内心的愤怒无以复加，恨不得冲到学校替孩子"复仇"。

除了愤怒，我们更担心校园霸凌会给孩子留下心理阴影。相比于身体上的痛苦，心理上的创伤更难愈合，这就是为什么有些孩子遭遇校园霸凌后，开始对上学充满恐惧，变得自卑、怯懦、孤僻，有些孩子更是因无法忍受校园霸凌而结束了自己的生命。所以，父母要特别关注校园霸凌给孩子带来的心理影响。

如果有一天孩子不幸遭遇了校园霸凌，我们又该怎么应对呢？

1.不要过分向孩子传递个人的担忧情绪

很多家长特别担心孩子在学校受人欺负，经常在孩子放学后问孩子"有没有人欺负你"之类的问题，这样其实是在向孩子传递负能量，传递不安定的情绪，长期下来，孩子可能会对校园生活过于担忧，在学校没有安全感。

如果担心孩子在校园里受欺负，家长可以侧面询问孩子在学校过得是否愉快，关注孩子身上是否有伤痕。再者，如果孩子出现害怕去学校、做噩梦、精神涣散、不敢直视他人目光等情况时，家长就要问清原因，或向老师询问情况了。

2.保持冷静，耐心倾听孩子的讲述和感受

当得知孩子遭受了霸凌时，家长尽管很气愤，但也要保持冷静，不要急着去找学校或者施暴者的家长"理论"，而要耐心倾听孩子的讲述，倾听孩子的委屈和感受，接纳孩子的难过、无助、恐惧等情绪，并耐心陪伴在孩子身边，让他感受到你的爱，从而获得充足的安全感。

遇到这类事情，最愚蠢的做法是，不听孩子讲述事情原委，而是想当然地认为孩子被人欺负是有原因的，批评孩子不和同学搞好关系。这种自以为是的处理态度会让孩子更加受伤，让孩子的心情跌入谷底，甚至可能让孩子产生轻生念头。所以，千万不要这样做。

2.对接学校，向老师寻求帮助并关注进展

在了解事情原委后，家长应当及时联系老师，有必要的话还要去一趟学校，把孩子的遭遇告诉老师，让老师重视并调查这件事，还应当随时关注孩子的状态。在向老师反映情况后，家长要关注老师的行动，看老师是否采取了有效措施，是否着手调查处理此事。如果老师这样做了,要及时表示感谢,并听听孩子的反馈。如果没有,就要在掌握事实的基础上,向校领导反映。

当事情得到圆满解决后,家长有必要告诉孩子:"谢谢你告诉我你的遭遇,今后不管遇到什么事情,爸爸妈妈都会和你一起解决。"这样做的好处是,让孩子明白爸爸妈妈永远是他坚强的后盾,这是孩子安全感的重要来源。当然,还要继续疏导孩子的心理,让孩子尽快从霸凌事件中走出来。

3.鼓励孩子多交朋友,多参加集体活动

有调查显示,性格孤僻、不爱交友、经常独来独往的孩子,更容易成为校园霸凌的对象。反之,如果你的孩子爱交朋友,平时和大家打成一片,经常参与集体活动,那么他相对来说会安全很多。特别是孩子身边有体格强健、伶牙俐齿、正义感强的朋友时,就算你的孩子被欺负了,他的朋友也会站出来保护他。所以,家长要鼓励孩子多交朋友、多参加集体活动。另外,当孩子身边的朋友需要支持时,家长要鼓励孩子去帮忙。

4.让孩子强大自己,对霸凌说"不"

你的孩子不可能一辈子靠家人或朋友保护,最重要的是应当靠自己,让自己变得强大,自己保护自己。因此,平时家长要多带孩子锻炼身体,增强孩子的体质,必要的话可以让孩子学一些防身术,掌握一些自我保护的技巧。这样在面对霸凌的时候,孩子才有自信、有底气说"不",并勇敢地反击。